발로 뛰는 정치
서현옥입니다

발로 뛰는 정치
서현옥입니다

서현옥 지음

모아북스
MOABOOKS

| 들어가며

정치는 밥이고 삶 자체다

· · ·

　나는 '어쩌다 정치인'이 되었다.
　정치인이 되려고 정치학을 공부하지도 않았고, 일찍이 정당에 몸담거나 정치인의 참모가 되려고도 하지 않았다. 제도권 정치에는 아무 연줄도 없었고 관심도 없었으므로 그런 길이 있는 지조차 몰랐다.
　고등학교를 졸업하고 한국야쿠르트 생산직으로 들어가 사회생활을 시작했지만, 적어도 생각하는 사람으로 살고자 했다. 부당하게 내 권리를 침해당하면서 살고 싶지 않았다. 그리고 내 친구가 그렇게 사는 것도 구경만 하고 싶지 않았다. 그래서 노동조합에 가입하여 열심히 활동했다. 그러다 보니 노조 간부가 되어 갈수록 더 중요한 역할을 했다.

내가 사는 동네에서도 생각하는 사람으로 살고자 했다. 부녀회장을 맡아 동네와 이웃에 관심을 두고 나와 이웃의 삶과 동네가 나아질 수 있는 일이라면 함께했다.

노조 간부든 부녀회장이든 내게 그것은 감투가 아니라 더 많이 봉사하라는 책임감으로 왔다. 나는 더 커진 책임감을 통해 나 스스로 성장하는 것을 느꼈다. 그 성장이 나를 더 많은 봉사의 자리로 이끌었다.

그렇게 정치는 밥으로, 삶으로 내게 왔다. 그때 나는 그것이 정치인 줄 몰랐지만, 지나고 보니 정치란 본래 그런 거였다.

정치를 하는 대신에 통치하거나 군림하려는 자들이 정치의 본질을 왜곡하여 대중에게 혐오감을 일으켜온 결과, 정치가 우리의 밥과 삶으로부터 멀어지게 된 것이다.

나는 다행히 그런 왜곡에 휘둘리지 않고 내 일상에서 밥이자 삶으로서의 정치를 배워 제도권 정치인이 된 이후에도 발로 뛰는 현장 정치, 시민 속에서 함께 울고 웃는 공감의 정치, 그 초심을 지켜 여기까지 올 수 있었다.

나는 도의원이기 전에 평택 사람, 서현옥이다. 나는 평택 사람으로서 시민과 함께 더 나은 평택을 일구는 꿈을 꾸며 이 책을 낸다.

이 책이 나오기까지 도와주고 응원해준 모든 분에게 감사한다. 가족에게도 감사하지만, 특히 힘들 때마다 기꺼이 나의 곁에서 함께해준 남편에게 감사한다.

가을 소리를 들으며,
서현옥

| 프롤로그 |

풀뿌리 정치인으로 살아온 한길

● ● ●

　나는 내가 시의원을 지내고 재선 도의원인 정치인으로 살고 있다는 게 참 신기하다. 처음부터 정치하겠다고 짠~ 나선 것도 아니고, 어느 날 정치가 내게 뚝, 떨어진 것도 아니다.
　나는 관심을 나와 내 가족을 넘어 이웃으로, 더 나아가 사회로 넓히면서 공동체의 삶을 고민하게 되었다. 그러면서 내 삶은 자연스럽게 정치로 스며들었다. 아니, 정치가 내 삶에 스며들었다.
　그리하여 이 책은 서현옥이라는 개인의 이야기를 넘어 시민과 함께 만들어갈 공동체의 미래에 대한 전망을 담고 있다. 그리고 스스로 다짐 하나를 세웠다.
　"시골뜨기에서 강인한 전사가 되기까지, 나의 길은 곧 우리의 길이다."

어쩌다 정치인

　나는 시골 마을의 농가에서 태어났다. 앞에는 논이 펼쳐지고, 뒤에는 나지막한 산이 마을을 감싸듯 빙 둘렀다. 봄이면 개구리 울음소리에 잠을 깨고, 여름이면 작은 수로에 발을 담그며 놀았다. 그림 같은 풍경이었지만, 당시 시골 마을 집들이 으레 그렇듯 우리 집도 가난의 굴레를 벗어나지 못했다.

　아버지가 얻어온 철 지난 달력을 뜯어 공책을 대신했다. 거기에 그림도 그리고 글도 쓰면서 초등학교를 졸업했다. 어린 나이에도 좁은 시골 마을을 넘어 더 큰 세상으로 가고 싶다는 열망이 자랐다.

　중학교에 가게 된 건 다행이었지만, 2학년을 마칠 무렵 교통사고로 크게 다친 아버지가 일할 수 없게 되면서 가세가 더욱 기울었다. 중학교를 마친 나는 고등학교 진학이 어려운 현실을 인정했지만, 마음 깊은 곳에서는 뭔가 툭, 끊어지는 듯한 아픔이 느껴졌다.

　'그래도 나는 배워야 해. 배움의 끈을 놓지 않겠어.'

　굳게 다짐하며 선택한 길이 야간고등학교였다. 낮에는 사환으로 일하고, 퇴근하고는 서둘러 저녁을 먹고 교실로 달려갔다. 교실에 앉으면 눈꺼풀이 천근만근이었지만, 교과서 한 장을 넘길 때마다 조금씩이나마 희망이 자라는 듯했다.

 수업은 밤 10시가 넘어서야 끝났다. 집으로 돌아와 고단한 몸을 누이면 곧바로 잠에 떨어졌다. 주경야독의 힘겨운 나날이었지만, 끝내 배움의 끈을 놓지 않고 고등학교 3년 과정을 마쳤다. 내게 공부는 삶을 바꿀 유일한 무기였다.

 각고 끝에 야간고등학교를 졸업했지만, 대학 갈 처지는 아니어서 평택 진위면에 있는 한국야쿠르트 생산직 직원으로 취직했다. 마침 이 회사에 근무하던 친구 고모부가 보증을 서주어서 가능했다.

 1988년 무렵이다. 생산직은 2개 조 교대 근무로 돌아갔다. 생산직 노동자의 근무 환경이 아주 열악할 때여서 부당한 일을 자주 당했지만, 개인의 힘으로는 바로잡기 어려웠다.

 나는 노동조합의 문을 두드렸다. 처음에는 '괜히 노조에 들었다가 잘리면 어떻게 하지' 하는 두려움이 앞섰다. 하지만 한번 기운 마음은 돌이킬 수 없었다. 그곳에는 서로 힘이 되어줄 동료들이 있었다. 나는 그곳에서 개인의 힘이 얼마나 미약한지, 그 미약한 개인들이 단결하고 연대하면 얼마나 큰 힘이 생기는지 알게 되었다. 불의에 눈 감고 침묵하는 삶을 버리고 동료들과 함께하기로 했다. 그 순간부터 나는 시골뜨기 소녀가 아니라 부당한 일에 기꺼이 맞서 싸우는 전사가 되었다.

당시 여성 노동자는 부당한 차별에 상시 노출되었다. 몇몇 회사만의 일이 아니라 거의 모든 회사가 그랬다. 노조가 노동자들에게 큰 힘이 되었다. 나는 뭐든 아예 처음부터 안 했으면 안 했지 일단 하기로 했으면 하는 데까지 힘껏 했다. 노조 활동도 그랬다. 그러다 보니 어느 결에 자연스럽게 노조 간부가 되었다.

 장시간 저임금 노동에 시달리는 노동자들이 당연한 권리를 주장해도 회사는 무시했다. 심지어는 구사대까지 동원해 파업에 폭력으로 대응했다. 파업 현장에 가시철망을 둘러치기까지 했다. 노동자들은 그런 폭력에도 굴하지 않고 당연한 권리를 지키기 위해 단결과 연대로 치열하게 싸웠다.

 그런 가운데 나는 점점 더 큰 목소리를 내게 되었고, 동료들은 나를 평택지부 여성위원장으로 세웠다. 파업 중에 고발을 당해 경찰서에 끌려가기도 하고, 야당 당사에 피신하기도 하는 등 파란을 겪었다. 두렵기도 했지만 그럴수록 더욱 마음을 다잡았다. 나는 동료들과 함께 힘껏 싸웠다. 기름때 묻은 작업복 차림으로 당당히 회사 앞에 섰고, 새벽 찬바람을 맞으며 피켓을 들었다. 해고 위협과 손가락질이 이어졌지만, 나는 물러서지 않았다.

 '우리가 물러서면, 우리 다음 세대도 똑같이 당할 거다.'

 이런 생각으로 승리하는 순간까지 버티고 또 버텼다.

 "여성이 존중받지 않는 일터는 결코 정의로운 사회가 될 수 없다!"

 나의 외침에 점점 더 많은 동료가 용기를 내어 함께 나섰다. 이렇게 연결된 작은 파동이 큰 파도로 몰아쳐 결국 회사의 부당한 관행을 바꾸는 계기가 되었다.

 노동운동은 단순히 임금을 올리고 근무조건을 개선하는 싸움만이 아니었다. 민주주의를 배우고 실천하는 과정이기도 했다. 함께 모여 토론하고, 의견을 모으고, 다수의 결정에 따라 행동하는 과정에서 나는 민주주의의 본질을 체득했다. 민주주의는 교과서 속 단어가 아니라 현실의 부조리를 딛고 더 나은 내일을 향해 나아가는 구체적인 삶의 방식이었다.

 나는 그렇게 4년간의 직장 생활을 끝으로 퇴사한 이후 청주가 고향인 남편을 만나 결혼하여 아들 둘을 얻었다. 개인 사업을 하는 남편을 내조하면서 두 아이의 육아에 바쁜 전업주부로 살았다. 하지만 정신만은 전업주부의 울타리에 묶이지 않고 바깥을 향해 열어놓았다. 그런 나의 속내를 알아차린 남편은 내가 무엇을 하든 지지하고 격려하고 지원할 준비가 되어 있었다.

 그때 같은 아파트에 사는 친구의 권유로 부녀회장을 맡아 봉사활동을 시작하게 되었다. 그때 내 나이 서른두 살. 부녀회장을 시작으로 원평동사무소에서 여러 봉사단체의 회원으로, 총무로 15년 동안 봉사활동을 이어갔다. 결식아동과 독거노인에게 반찬 배달하기, 일일 엄마가 되어 아이 손 잡고 나들이하기 등이 기억에 남는다. 특히 아이가 꼭 잡은 손을 놓지 않으려 할 때의 뭉클함은 오래 지워지지 않고 진한 여운으로 남았다.

이렇게 나의 봉사활동과 관심은 자연히 가까운 이웃을 넘어 지역사회로 넓어졌다. 우리 사회의 그늘은 생각보다 넓고 깊었다. 할 일이 많았다. 나는 내가 할 수 있는 일이라면 몸 사리지 않고 힘껏, 묵묵히 해냈다.

봉사활동을 하면서 보람을 느꼈지만, 자주 늘 벽에 가로막힌 느낌이었다. 개인의 선한 의지와 봉사만으로는 세상의 구조적인 문제를 바꾸기 어렵다는 사실을 절감했다. 그것은 거대한 벽이었다. 그 벽을 허물려면 제도권 정치로 들어가 제도와 정책으로 승부를 봐야 한다는 얘기가 귀에 들어왔다.

여러 선배 정치인들이 더 근본적인 위치에서 시민을 위한 봉사를 실천해보자며 절박함에 빠져 있던 나를 정치라는 낯선 세계로 이끌었다. 그러잖아도 민간 활동가의 한계를 절감하고 있던 차에 잘되었다 싶어 수락했다. 남편도 흔쾌히 동의하고 지지했다. 나는 이제 더 이상 시민 활동가로 머물 수 없게 되었다.

나는 2014년 지방선거를 앞두고 새정치민주연합 소속으로 정치에 발을 들였다. 평택시의회 시의원 새정치민주연합 비례대표 경선 후보로 입후보했다. 그동안의 당내 비례대표 후보 경선은 지역 상무위원 대상으로 투표를 했는데, 2014년 지방선거 비례대표 당내 후보 경선은 국민 선거인단 500명 모집으로 치러졌다. 나는 당내 비례대표 후보 1번으로 선출되어 본선에 임했다.

선거 결과 제7대 평택시의회는 재적 16석 중 자유한국당 7석, 새정치민주연합 7석으로 여야 균형을 이뤘다. 비례대표 당선은 양당 2석으로 나 외에 자유한국당 1석이었다.

나는 기초의원 활동도 지금껏 그래왔듯이 힘차게 했다. 여야를 막론하고 어딜 가나 다수 남성 정치인의 암묵적인 카르텔은 강고해서 소수 여성 정치인은 부지런히 뛰지 않으면 배제되고 소외되기 쉬웠다. 민원을 내 일처럼 돌보고 조례 제·개정에도 힘썼다. 노조 활동 시작부터 그러했듯이 봉사하는 초심을 잃지 않았다.

나는 야간고등학교를 졸업하고부터 끊긴 배움에의 갈증을 풀기 위해 정치 활동으로 바쁜 시간을 쪼개고 없는 시간을 만들어 공부를 다시 시작했다.

한양사이버대학교에서 학부 과정을 마쳤다. 이어 아주대학교 공공정책대학원에서 사회복지학을 공부하던 중 의회에 관한 좀 더 전문적이고 폭넓은 식견을 갖출 필요가 있다고 판단하여 중앙대학교 일반대학원에서 의회학 전공으로 석사학위를 취득했다.

나는 이런 공부를 통해 정치인으로서 부쩍 성장한 느낌을 받았으며, 풀뿌리 의회 활동을 더욱 체계적으로 자신 있게 할 수 있었다.

나는 시의원으로서 주로 다음과 같이 소외계층을 돕기 위한 제도와 인식 개선 활동에 주력했다.

- 사회복지사 처우·지위 향상 조례 개정으로 사회복지사 권리 보호 및 처우 개선 근거 마련
- 저소득 주민 생활 안정에 관한 조례 제·개정으로 취약계층을 위한 생활 안정 지원 근거 마련
- 청소년 지원 예산 확대로 청소년 문화·복지 예산 기반 확충
- 소외계층과 취약계층의 복지 강화를 위해 제도 개선에 꾸준히 노력하는 한편 지역사회의 그늘진 곳을 돌보는 봉사활동을 꾸준히 할 수 있도록 실천

나는 이처럼 조례 입법을 통한 제도 정비와 개선, 예산 증대를 통한 복지 확대, 지역 봉사활동을 통한 실질적 의정활동으로 주민들의 신뢰와 인정을 받았다.

기초의원 활동은 풀뿌리 민주주의를 지탱하는 바탕이어서 보람이 컸지만, 한계도 있었다. 기초의회는 지자체장이 제출하는

예산안을 심의 확정하고 결산을 승인하는 권한만 있지 예산편성 권한은 없어서 긴급한 민원 처리나 행정기관 견제 및 감독 기능을 제대로 수행하기는 어려웠다.

더 큰 정치를 위해 새로 길을 내다

시정 활동 4년은 금세 지나갔다. 나는 2018년 지방선거에서 광역의원에 도전했다. 더불어민주당 경선 상대는 남성 후보 3명으로, 다들 경선 통과가 어렵다고 했지만 나는 지금껏 무슨 일을 어렵다고 해서 포기한 적이 없다. 필요한 일이라고 생각하면 실패를 두려워하지 않고 힘껏 했다. 불리한 여건이긴 했지만, 당시 여성 기초의원의 광역의원 도전은 정치적으로 의미가 상당했다. 없는 길을 내는 선구적 뜻이 있었다.

다수의 예상을 뒤엎고 당내 경선에서 이긴 나는 본선에 나가 69.73%의 압도적인 지지로 민선 경기도의원에 당선했다. 그 선거에서 이재명 성남시장이 경기도지사에 당선했다. 나는 경기도의회 더불어민주당 원내대표단 기획수석으로 활동하면서 이재명 지사와 정치적 연을 맺었다.

2022년 나는 경기도의원 재선에 도전했다. 그해 지방선거는 대선 직후에 치러졌는데, 대선에서 아깝게 패한 더불어민주당은 이어진 지방선거에서는 참패를 당했다. 그런 중에서도 나는 53%가 넘는 지지를 얻어 여유 있게 재선에 성공했다. 요동치는 정치 폭풍에도 불구하고 주민들이 나의 의정활동을 높이 인정해준 것이다.

나는 도의원으로서 다음과 같은 도정 활동에 주력했다.

- 현장 활동을 통해 지역주민과 밀접하게 소통하면서 민원 해결에 적극적으로 나섰다.
- 지역 시민단체들과 꾸준히 유대관계를 갖고 지속적인 봉사 활동을 통한 풀뿌리 의정활동의 기반을 다졌다.
- 높은 공약 이행률과 남다른 현안 해결 능력을 발휘하면서 특히 교육·복지 등 중요한 지역 민원 해결을 위한 실질 예산 확보에도 힘을 쏟았다.
- 여성 정치인의 섬세한 감수성을 살려 진정으로 친근하게 다가가 아픔을 함께하고 가려운 곳을 긁어주는 차별성 있는 정치를 폈다.

이런 활동에 힘입어 나는 더 폭넓은 지역민의 지지를 받았다.

나는 시의원을 지내고 도의원 초·재선을 지내는 동안 인구 64만의 평택 시정을 전체적으로 조감하고 깊이 들여다보았다.

특히 막대한 예산이 소요되는 정책에 대한 타당성 조사와 투명성 검증에 꾸준히 관심을 두고 힘을 기울였다.

나는 현재 경기도의회 미래과학협력위원회 소속으로 첨단과학기술의 복지 분야 접목에 힘쓰는 한편, 평택시가 4차 산업 혁명의 새로운 기회를 여는 중심도시가 되도록 하는 전략 수립과 제도적 지원방안 청사진 연구에 심혈을 기울였다.

AI를 비롯한 첨단 과학기술은 산업현장뿐 아니라 일상생활과 복지·교육 분야와도 긴밀하게 연관되어서 나는 시의회 행정자치위원회 위원으로 활동할 때부터 일찍이 첨단 과학기술에 깊은 관심을 두고 관련 정책에 열중하는 한편 제도 개선 연구에 힘썼다.

나는 경기도의회 초선 의원으로 안전행정위원회에서 활동할 때도 소방과 재난·대지 안전 시스템 구축에 첨단 과학기술을 적용하는 데 필요한 예산 확보와 제도 개선에 적극적으로 나섰다. 이는 바로 소방공무원의 복지 향상과 근무환경 개선에 직결되기 때문이다. 특히 평택 세교 119 안전센터 건립은 가장 의미 있는 진전이었다.

4050특별위원회 부위원장 및 경기본부장으로 활동

내가 부위원장으로 활동했던, 더불어민주당 공식기구인 4050특별위원회는 4050세대와 어깨를 걸고 우리 정치를 혁신하고자 하는 아주 특별한 정치조직이다. 올해로 7년째를 맞는 4050특별위원회는 조직을 정비하고 지난 조기 대선에 임해 정권교체를 통해 민주주의를 회복하는 일에 큰 활약을 펼쳤다.

더불어민주당은 조기 대선을 앞두고 40·50대 유권자 대상으로 현안 및 정책 발굴 등을 전담하는 2025년 4050특별위원회 발대식을 열었다. 이재명 대표는 서면 축사에서 "대전환의 시기, 사회·경제적 환경이 급변하며 모든 세대가 직면한 도전과 과제가 날로 커지고 있다"며 "세대 간 협력을 강화하고, 통합을 위한 실질적 정책 논의를 주도해달라"고 주문했다.

신임 위원장에는 김준혁 의원이 임명됐다. 김 위원장은 "대한민국 발전의 중심 세대인 40대와 50대가 힘을 모아 세대 간 가교 역할을 할 것으로 기대한다"며 "역량 있는 조직으로 더불어민주당 조직을 넓히고 정권 재창출에 이바지하고자 한다"고 포부를 밝혔다.

4050특별위원회는 2019년 당시 임종성 의원의 제안으로 설치되어 초기 위원장은 제안자인 임 의원이 맡았다. 나는 그때

부위원장으로 활동했다. 2021년 4050특별위원회는 출범 후 1년 6개월 간의 활동기록을 담은 《4050특별위원회 활동백서》를 출간하기도 했다.

2024년까지 4050특위 부위원장으로 활동한 나는 올해부터는 경기본부장을 맡아 조기 대선에서 활동하는 등 창립 일원으로 참여한 이후 지금껏 활발하게 활동하면서 4050세대와 소통과 공감의 폭을 넓혀가고 있다.

평택사람 서현옥이 꿈꾸는 정치

나는 평택에서 태어나 자라고 지금껏 살아온 오래된 평택시민으로, 시민의 행복한 삶을 돌보고 시의 미래 비전을 고민해온 정치인으로 살아온 지 10여 년이 지났다. 나를 벗어나 곁을 돌아보는 사회활동을 해온 지는 1988년 노조 활동부터 시작해 37년이 지났다. 27년간의 현장 봉사활동을 통해 시민의 삶과 민심의 바닥을 충분히 몸으로 겪은 뒤에 제도 정치로 나아간 것이다.

바닥부터 충분히 다져 올라간 집이 튼튼하다. 정치도 그와 다르지 않다. 진짜 정치를 하는 사람인지, 정치 흉내만 내는 사람인지는 시민이 금세 알아본다. 도의원 재선 임기 중에 있는 나는 그런 시민의 신뢰와 기대를 바탕으로 전체 평택시를 위한 길이 무엇인지 진지하게 고민하고 있다.

  날로 변화하는 시대에 맞춰 나 역시 날로 변화하고 발전하려 노력하겠지만, 처음 정치를 시작할 때 가졌던 마음, 그 초심만은 변치 않고 끝까지 지킬 것이다. 어떤 일이 있어도 시민의 신뢰를 배반하는 일은 없을 것이다.

| 차례 |

들어가며
정치는 밥이고 삶 자체다 ········ 008

프롤로그
풀뿌리 정치인으로 살아온 한길 ········ 011

1부 | 나의 10년 정치, 시민을 위한 여정

01 변함없는 마음으로 ······ 032
　　도민이 더 잘하라고 만들어준 상
　　스스로 변화하면서 성장해온 나의 정치

02 대한민국의 국운이 걸린 미래 성장 산업 ······ 038
　　과학기술 진흥과 첨단 미래 산업 지원 전략
　　모빌리티 산업과 반도체 산업의 메카를 위해

에너지 혁명을 앞당기는 입법 지원 활동

중소기업이 살아야 전체 산업이 산다

법 위반 기업의 합리적 제재 조정과 지원 방안 강구

03 평택을 살리는 지역경제 활성화와 소상공인 지원 ······ 076

발로 뛰면서 챙기는 지역경제 현장

소상공인 연착륙을 위한 예산 지원방안 강구

경기도 및 평택시 경제 산업 현안 챙기기

04 사회의 그늘을 돌보는 정책 서비스와 대민 봉사활동 ······ 092

풀뿌리 민주주의를 위한 활동

의료 복지 현안 해결을 위한 활동

지역 교통 및 주거 현안 해결을 위한 잰걸음

사회적 돌봄의 국가 책임을 위한 방안 강구

05 교육 · 문화 · 환경까지 아우른 전방위 의정활동 ······ 125

교육이 우리의 미래다

문화강국이 진정한 강국이다

환경은 비용이 아니라 자산이다

06 일자리 확충과 노동 환경 개선 방안 강구 ······ **148**

　　　일자리, 실질적 효과를 끌어내야

　　　노동조건 개선이 산업 발전의 초석이다

07 일상과 재해 현장의 안전 확보 방안 강구 ······ **159**

　　　일상의 안전이 복지의 출발이다

　　　119 안전 시스템 확충으로 안전 사회 구현

08 예산 심의 및 결산에 관한 의정활동 ······ **171**

　　　예산 확보 없는 정책은 공염불이다

　　　예산 확보 다음 과제는 예산의 효율적 운영

2부 │ 평택의 역사와 현실 그리고 미래 비전

01 평택의 역사와 환경 ······ **186**

　　　대동법의 애민 정신

　　　평택의 유래와 사회환경

02 평택의 산업과 교육 ⋯⋯ **192**

새로운 전기를 맞은 평택의 산업

인구 증가를 못 따라가는 교육환경

03 평택의 도시개발과 지역 불균형 ⋯⋯ **201**

개발사업은 투명하게 운영되도록 해야

도시개발의 이면과 소외 지역

04 평택을 살리는 길, 행복한 미래를 여는 길 ⋯⋯ **209**

지역 균형발전과 문화인프라 확충

평택의 미래, 미래의 평택

미래는 오는 게 아니라 만드는 것이다

에필로그

빛에 가려진 그림자를 돌보는 정치 ⋯⋯ **220**

1부

나의 10년 정치,
시민을 위한 여정

나는 지난 10년 동안 시의원을 거쳐 도의원을 하면서
시민의 목소리를 대변하는 것이 제도적으로
얼마나 힘든 일인지 경험했다.
또 혼자 하는 의정활동이 아닌 동료 의원들과
소통과 협력이 얼마나 중요한지도 알게 됐다.

변함없는 마음으로

♦ ♦ ♦

활발한 의정활동을 인정받아 '올해의 의원' 으로

선정됐다고 하지만, 도민의 지지와 성원 없이는

불가능한 일이다. 그런 도민에게 보답하는 길은

초심을 잃지 않고 도민을 위한 정치를 도민과 함께하는 것이다.

나는 늘 오늘을 어제처럼, 항상 마지막이라는

마음으로 내일을 오늘처럼 생각해 의정활동을

펼쳐왔고, 앞으로도 그럴 것이다.

도민이 더 잘하라고
만들어준 상

● ● ●

경기도의회 미래과학협력위원회 소속인 나는 2024년 경기도의회 교섭단체 더불어민주당 '올해의 의원'으로 선정되었다. 왕성한 입법 활동, 소통 중심의 의정활동 그리고 도민과 함께하는 책임정치를 실천하며 경기도 발전에 크게 이바지했다고 준 상이다.

나는 특히 경기도 반도체산업 활성화와 인재양성 사업의 재구조화 등 도민의 삶의 질을 높이기 위한 정책 발굴과 입법 활동에 주력하며 도민의 신뢰를 쌓아왔다. 구체적으로는 경기도 팹리스 산업, 경기도 첨단 모빌리티 사용 후 배터리 산업, 경기도 미래 자동차 산업 등의 육성 및 지원 조례 대표 발의 등 첨단산업 육성과 지속 가능한 경기도 경제발전을 위한 입법 활동에 매진해왔다.

또 나는 도민과 공직자 간의 소통을 기반으로 한 의정활동에도 힘을 쏟았다. 2024년 행정사무 감사에서는 경기도 공공기관의 수의계약 투명성과 반복적 계약 관행 문제를 지적하며 개선

책을 제시하고, 경기도 반도체산업 활성화와 인재양성 사업 재구조화를 통해 지역 산업 경쟁력 강화를 위한 구체적인 방안을 제안했다.

이런 활발한 의정활동이 인정받아 '올해의 의원'으로 선정됐지만, 도민의 지지와 성원 없이는 불가능한 일이다. 그런 도민에게 보답하는 길은 초심을 잃지 않고 도민을 위한 정치를 도민과 함께하는 것이다.

나는 항상 마지막이라는 마음으로
오늘을 어제처럼, 내일을 오늘처럼
생각해 의정활동을 펼쳐왔고,
앞으로도 그럴 것이다.
도민과의 약속을 신념으로 삼아
결과에 연연하지 않고 내가 선
자리에서 힘껏 일하는 정치인이
되고 싶고, 또 그렇게 할 것이다.

스스로 변화하면서
성장해온 나의 정치

●●●

나는 지난 10년 동안 시의원을 거쳐 도의원을 하면서 시민의 목소리를 대변하는 것이 제도적으로 얼마나 힘든 일인지 경험했다. 또 혼자 하는 의정활동이 아니므로 동료 의원들과 소통과 협력이 얼마나 중요한지도 알게 됐다.

그래서 합리적인 근거와 통계를 통해 도민을 대변하고, 나의 주장을 먼저 내세우기보다 동료 의원들의 얘기를 경청하고 협력의 손을 내미는 것이 먼저였다.

나는 일찍이 봉사활동으로 분주했는데, 일일 엄마의 역할로 저소득층 어린이들과 나들이 행사를 진행하면서 그 아이들의 현실이 가슴 아팠다. 그러면서 스스로 변화했다. 아이들의 손을 잡을 때면 내가 할 수 있는 전부가 너무 작아 가슴이 아팠고, 어르신들의 손을 잡을 때면 그들의 삶의 무게에 눈물을 흘렸다. 진정 사회의 그늘을 비추는 한 뼘 햇살이 되기 위해 내가 무엇을 해야 하는지 알아가야겠다는 생각과 배움에 대한 열망이 커져 의정활동과 배움을 병행했다. 사회복지학을 공부하고 의회

학을 공부했다.

2014년 평택시의원에 당선되어 정치에 입문한 이후로 내 힘껏 시정을 살피고 시민의 더 나은 삶을 위해 동분서주했다. 여러 조례를 대표 발의해 시 발전과 시민의 행복, 지역의 여러 숙원사업을 해결하는 데 앞장섰다. 이후 도의원이 되고서도 이는 변함이 없었다. 지방자치 분권을 위한 지방정부의 지방세 결정권 부여, 신혼희망타운 공급 확대, 미세먼지 저감·방지시설 확충 등 여러 가지 현안을 당시 이재명 경기지사와 동료 의원들과 협의해 해결하는 데 앞장섰다.

또 시민을 위한 체육공원 조성과 체육관 건립, 주차장 확충, 학교와 청소년을 위한 시설 확충, 교육·복지 문화시설 확충, 미세먼지 저감 대책 등 시민 삶과 밀접한 여러 가지 현안을 궁리하고 의논하고 실행하기에 바빴다.

나는 특히 우리 사회의 핵심 키워드인 안전에 대해 깊이 고민하고 연구했다. 그래서 초선 도의원 때는 늘 배우겠다는 마음으로 안전행정위원회에 자원했다. 도민의 생명과 재산을 지키는 소방과 자연재난을 담당하는 경기도 소방재난본부를 비롯한 34개 소방서와 함께 안전한 도정을 실현하기 위한 행보에 박차를 가했다.

그리고 한편으로는 빠르게 변화하는 평택에서 자칫 소외되기

쉬운 이들을 위한 제도를 만드는 데도 힘을 기울였다. 구도심 개발로 균형 잡힌 도시 개발, 복지제도의 확충, 청소년들을 위한 교육 및 문화 정책, 청년들의 진로와 일자리를 위한 시도 차원의 획기적 개선 정책, 노인들의 생활 개선 등 노인복지 확대 정책 등 도민의 목소리에 귀 기울여왔다.

여성 정치인의 발굴과 정치 참여 확대, 여성 당원의 역량 강화 및 여성 조직 활성화를 통해 민생과 지역 현안을 해결하는 것도 여성의 권리 신장에 실질적인 도움이 될 것이다.

나는 지난 2022년에 더불어민주당 경기도당 여성위원회 위원장으로 선출되었다. 그때껏 여성 정치인으로서 민주당 여성리더십센터 부소장, 민주당 경기도당 여성위원회 부위원장, 민주당 평택시 갑 지역위원회 여성위원장을 지낸 이력과 열정을 높이 산 모양이다.

윤석열 정부 들어 수십 년간 쌓아온 여성 인권과 정책이 대통령의 그릇된 인식으로 한순간에 사라질 위기에 처하기도 했다. 다행히 조기에 정권이 바뀌어 3년간 퇴행했던 여성 정책이 복원되거나 진일보하겠지만, 우리 사회는 여성에 대한 불평등한 사회 구조와 인식이 여전하여 더 많은 개선과 발전이 필요하다.

02

대한민국의 국운이 걸린
미래 성장 산업

◆ ◆ ◆

나는 보이지 않는 곳에서 묵묵히 일해준

공무원의 노력으로 경기도 반도체 특화단지가

정부 정책 공모에 선정된 것을 시작으로 미래 세대를 위해

경기도와 평택시가 명실상부한 반도체 중심지가 되도록

최선을 다할 것이다.

과학기술 진흥과
첨단 미래 산업 지원 전략

● ● ●
반도체 메가 클러스터 구축을 위해

　대한민국의 국운이 미래 성장 산업에 달렸다는 소신으로 미래과학협력위원회 활동에 매진해온 나는 경기도 미래성장산업국 2024 행정사무 감사에서 과학기술진흥위원회 운영의 문제점을 지적하고, 경기도 반도체산업 활성화를 위한 지원 TF 활성화, 인재 양성사업 재구조화 등을 제안했다.

　먼저 경기도 과학기술진흥위원회가 과학기술진흥종합계획 등 주요 사항을 심의·자문하는데도 불구하고 2023년부터 서면으로만 개최되어 실효성이 떨어지고, 경기도의 과학기술 혁신을 위한 과학기술진흥종합계획을 전체 위원 20명 중 과학정책 분과 위원 4명이 서면 의결한 것은 부적정하다고 지적했다.

　또 격월 개최를 원칙으로 한 '경기도 반도체 지원 TF'가 용인 국가산단 현안 마무리를 이유로 2024년에 한 번만 개최된 점을 지적했다. 해당 TF는 국가산단의 신속한 추진뿐 아니라 반도체 생태계 조성을 위한 혁신전략 마련을 목적으로 구성된 것으로 위기에 빠진 국내 반도체 산업과 소재·부품·장비 업체 지원을 위한 다양한 의제들이 논의되어야 한다고 지적했다.

2024 행정사무 감사(미래성장산업국)

이밖에도 경기도 반도체 인재 양성사업 수료 후 취업률이 2022년 71%에서 2023년 13.5%로 급락한 점을 지적하며, 정책 효과를 높일 수 있도록 특성화고에 대한 교육을 확대하는 등 사업 재구조화에 나설 필요가 있다고 강조했다.

나는 그전에 경제노동위원회에서 활동하면서 경기도 반도체 특화단지가 정부의 '국가첨단전략산업특화단지'에 선정되도록 노력한 경기도와 평택시 관련 공무원들을 지원하고 격려한 바 있다.

정부 공모계획 발표 이후 경기도와 평택시 공무원, 반도체 관련 기업 등이 계획서 작성부터 평가위원회의 대응에 이르기까지 하나의 대응 체계를 구축했다. 중앙부처와 평가기관에 도내 반도체산업의 집적도와 지역 우위를 강조하고, 지역의 의지와 염원을 정부에 전달한 것이다. 평택시는 경기도와 함께 '세계 최대규모의 반도체 메가 클러스터' 구축을 위한 행정 지원을 아끼지 않았다.

나는 보이지 않는 곳에서 묵묵히 일해준 공무원의 노력으로 경기도 반도체 특화단지가 정부 정책 공모에 선정된 것을 시작으로 미래 세대를 위해 경기도와 평택시가 함께해야 할 것이라고 생각한다.

피지컬 인공지능은 이미 우리 곁에 다가온 미래

2025년 4월 11일, 내가 전국 최초로 발의한 '경기도 피지컬 인공지능 산업 육성 및 지원 조례안'이 미래과학협력위원회 상임위를 통과함으로써 경기도의 미래 성장동력 확보를 위한 중요한 발걸음을 내디뎠다. 도지사의 역할, 기본계획 수립, 국가·지자체·대학·연구 기관·기업 등과의 협력체계 구축 등을 주요 내용으로 한 이번 조례안은 피지컬 인공지능 산업을 체계적으로 육성·지원하기 위한 법적 근거를 마련하기 위한 것이다.

인공지능 기술이 세상을 바꾸는 변혁의 중심에 있으며, 특히 피지컬 인공지능이 산업과 일상에 혁신을 가져올 핵심 동력으로 부상하고 있다. 글로벌 로봇 시장은 2029년 약 240조 원, 인공지능 로봇 시장은 2030년까지 85조 원 규모로 성장할 것으로 전망된다.

이러한 시대적 변화에 발맞춰 경기도가 우수한 산업 기반과 인적자원을 바탕으로 피지컬 인공지능 산업을 선점하고 미래산업의 주도권을 확보해야 한다. 피지컬 인공지능은 이미 우리 곁에 다가온 미래이므로, 경기도가 선도하려면 지금 행동에 나서야 한다.

모빌리티 산업과
반도체 산업의 메카를 위해

모빌리티 산업은 계속 진화하는 미래 산업

　경기도가 지난해 처음으로 개최한 '2024 미래 모빌리티 테크쇼'는 중소 자동차 부품업체의 기술을 소개해 판로 개척 및 시장확대 기회를 제공하기 위한 것으로 국내 자동차 관련 부품 및 소프트웨어 기업 70여 개사와 경기도 주요 과학기술 연구원이 참여했다.

　평택이 대한민국 자동차 부품산업의 중심지로 자리매김하기 위해서는 KG모빌리티와 함께 중소기업들이 상생하고 계속 발전할 수 있는 환경을 만드는 것이 중요하다. 나는 산업 현장의 어려움에 귀 기울이고, 꼭 필요한 곳에 예산이 편성될 수 있도록 지원하는 데 진력했다.

　나는 이런 노력의 하나로 2023년 6월 '경기도 자동차 부품산업 지원방안 모색을 위한 간담회'를 개최하여 중소기업이 친환경 자동차 증가 등 모빌리티 산업 환경 변화에 대응해 생존하고

2024년 미래 모빌리티테크 쇼 행사장에서

계속 성장할 수 있도록 하는 꾸준한 지원 방안을 강구했다.

나는 수차례의 TF 회의와 간담회 등을 통해 전문가 의견을 적극적으로 수렴하여 '경기도 모빌리티 산업의 육성 및 지원에 관한 조례 개정안'을 발의하는 등 힘껏 노력했다. 용어를 법령에 맞게 재정의하고 다양한 기술 개발 및 산업 육성 및 지원에 대한 근거를 두어 현행 조례를 보완한 개정안은 실증연구 테스트베드 구축, 저변 확대를 위한 경진대회 등의 사업 추진, 사회적 약자 편의 증진 지원 사업, 법적·제도적 개선을 위한 협력체계 구축 등의 내용을 담았다. 이 개정을 통해 정부, 시·군, 국내·외 기업 등과의 지속적인 기술 개발 및 산업 육성 방향에 관한 논의가 활발해질 것이다.

이어서 2024년 12월에 발의한 '경기도 첨단 모빌리티 사용 후 배터리 산업 육성 및 지원에 관한 조례'가 본회의 통과함으로써 첨단 모빌리티 사용 후 배터리 산업 육성을 통해 탄소 중립을 실천하고 경기도 산업 경쟁력을 강화함으로써 지역경제 발전에 이바지할 수 있게 되었다. 전 세계적으로 탄소 중립 목표 실현을 위한 에너지 전환이 가속화되면서 배터리 산업이 미래 핵심 산업으로 부상한 가운데 이 조례로 인해 경기도 사용 후 배터리 산업의 육성과 지원을 위한 기본계획 수립, 실태 조사 및 연구개발 추진, 산학연 협력체계 구축, 전문인력 양성, 관련 기업과 연구기관 유치 지원 등의 사업을 더욱 활발히 벌일 수 있게 되었다.

전기차 등 첨단 모빌리티의 보급 확산으로 2040년 글로벌 사용 후 배터리 시장 규모는 2,000억 달러에 이를 것이며, 국내만 해도 2030년경 10만 개 이상의 사용 후 배터리가 배출될 것으로 보인다.

사용 후 배터리 산업은 혁신적인 기술을 기반으로 새로운 시장을 개척하고 자원순환을 통해 탄소 배출을 저감하며, 국제 무역 장벽 완화와 함께 고용 창출 및 지역 경제 발전에 크게 기여할 것으로 기대된다.

반도체, 답은 팹리스에 있다

지난 2024년 말에 내가 전국 최초로 발의한 '경기도 팹리스 산업 육성 및 지원 조례안'이 발효됨으로써 경기도 내 팹리스 산업을 체계적으로 육성하고 지원하게 되어 반도체 산업의 글로벌 경쟁력을 강화하고, 미래 산업의 주도권을 한층 강화할 수 있게 되었다.

경기도 남부에 세계 최대 규모의 반도체 메가 클러스터를 조성하고 있지만, 메모리 반도체 중심의 산업 구조는 외부 변수에 민감해서 불확실성이 큰 데다가 경쟁 가열로 부가가치가 갈수록 떨어질 것이다. 그런 데 비해 인공지능 반도체는 외부 요인의 영향이 제한적일 것이어서 팹리스 기업의 중요성이 더욱 커지고 있다.

팹리스(Fabless)는 Fabrication과 less의 합성어로 반도체 제품을 직접 생산(fabrication)하지 않고 반도체 설계를 전문으로 하는 반도체 기업을 일컫는다. 팹리스 기업은 설계 및 기술 개발은 하되 생산은 전부 위탁 생산하여 제품을 판매한다. 애플, 퀄컴, 엔

비디아, AMD, 미디어텍, 브로드컴 등이 대표적인 기업이다.

팹리스의 반대 개념은 반도체 위탁생산을 맡는 파운드리로 대만의 TSMC, 한국의 삼성 파운드리 그리고 미국의 인텔 파운드리가 대표적이다.

이 조례로 인해 팹리스 산업에 대한 경기도 차원의 체계적인 지원을 통해 기업들이 직면한 자금 부족, 전문인력 부족, 기술 경쟁 심화 등의 어려움을 해소하고, 반도체 메가 클러스터와 연계해 도내 기업의 기술경쟁력을 강화하는 기반이 마련될 것이다.

나는 이에 그치지 않고 2025년 초에 성남글로벌융합센터에서 개최된 '경기도 팹리스 산업 도약을 위한 소통·공감 토크' 콘서트에 참석해 경기도 팹리스 산업 발전을 위한 적극적인 의지를 표명했다.

나는 경제노동위원회 활동 당시부터 반도체 기업 지원, 인력 양성 등에 많은 관심을 가지고 토론회 등을 개최해 왔지만, 팹리스 기업에 대한 지원은 아직 부족하다고 생각한다.

그러므로 앞으로도 미래과학협력위원회 활동을 중심으로 경기도 팹리스 산업 육성을 위한 정책적 지원과 노력을 아끼지 않을 것이다.

[현안 인터뷰]

팹리스, 고부가가치 반도체 산업 생태계의 출발점

"미래 성장 동력을 확보하려면 팹리스 산업에 대한 체계적이고 적극적인 지원이 꼭 필요하다고 판단했죠. 반도체는 이제 단순한 부품 산업을 넘어서 경제 안보와 직결되는 전략 핵심 산업입니다. 그중에서도 팹리스는 설계 중심의 고부가가치 산업이자 반도체 산업의 생태계의 출발점이라 봅니다."

- 방송: 경인방송 라디오 〈박성용의 시선공감〉
  FM90.7(2025. 06 16, 18:00~20:00)
- 진행: 박성용
- 인터뷰: 서현옥(더불어민주당 · 평택3) 경기도의원 & 황소현 취재 MC

[박성용] 경기도의원들의 한마디를 통해 경기도 내 다양한 이슈와 정보를 가감 없이 전해드리겠습니다. 경기 포커스, 한마디만 합시다! 서현옥 경기도의원 그리고 황소현 취재MC와 함께하겠습니다.

[서현옥] 한마디만 합시다. 팹리스 산업 육성, 적극적인 지원이 필요합니다.

[황소현] 네. 팹리스 산업 육성에 대한 적극적인 지원, 왜 필요한가요?

[서현옥] 네. 경기도는 전국에서 팹리스 기업이 가장 많이 위치한 지역임에도 불구하고, 이들 대부분이 영세한 중소기업으로 이렇게 자금 인력이라든가 인프라 등 여러 가지 측면에서 성장이 어려움을 겪고 있는

것이 현실입니다. 최근 반도체 산업이 글로벌 경쟁에 가속화되고 있는 가운데, 또 경기도가 기존 메모리 반도체 중심의 산업 구조에서 벗어나서 비메모리 시스템 반도체로 산업 지형을 이렇게 확장하고 있거든요. 미래 성장 동력을 확보하기 위해서는 팹리스 산업에 대한 이런 체계적이고 적극적인 지원이 꼭 필요하다고 판단하였고요. 반도체는 이제 단순한 부품 산업을 넘어서 경제, 안보와도 이런 직결되는 전략 핵심 산업입니다. 그중에서도 팹리스는 설계 중심의 고부가가치 산업이자 또 반도체산업의 생태계의 출발점이라고 보고 있고요. 그러나 아직껏 우리나라 국내 반도체 산업은 파운드리 중심으로 인식되어서 설계 역량을 가진 이런 팹리스 기업은 상대적으로 규모가 작거든요. 제도적이나 경제적으로 지원이 충분치 못한 상황이고요. 저는 이러한 현장의 목소리와 산업 구조의 현실적인 것을 반영하기 위해서 경기도에서 전국에서 가장 먼저 팹리스 산업에 대한 이런 선제적 지원 체계를 갖춰야 한다고 판단했고요. 이에 따라서 제안과 발언을 하게 됐습니다.

[박성용] 말씀하신 대로 경기도는 전국 최초로 팹리스 산업 육성 조례를 발의했습니다. 하지만 아직 예산과 인프라가 부족하다 보니, 기업 현장의 목소리가 제대로 반영되지 못하고 있다는 지적이 있는데요. 그래서 서현옥 의원께서는 팹리스 산업 육성을 위해서 적극적인 지원이 필요하다고 강조를 하고 계세요. 하나씩 살펴보죠. 생소하게 들리실 분들을 위해서 팹리스 산업이 무엇인지 정확히 설명 부탁드리겠습니다.

[서현옥] 네. 팹리스(Fabless) 산업은 Fabrication-less의 줄임말이거든요. 반도체 설계에만 집중하고 실제 제조는 외부 파운드리에 맡기는 반도체 설계 전문 산업을 의미하거든요. 생산이라든가 자체 생산 공정을

보유하고 있지 않고, 첨단 반도체 회로의 설계와 개발에 이런 전념하는 기업들을 말하는데요. 반도체 산업의 시작점이자 설계 분야는 이런 두뇌에 해당하는 핵심 영역이라고 볼 수 있어요. 고부가가치 창출이 가능한 미래 기술 주도형의 향후 반도체 경쟁력의 근간이 되는 산업이에요.

[박성용] 팹리스 산업이 경기도의 미래 성장 동력이라고 강조하시는데, 팹리스 산업의 핵심적 가치와 역할에 대해서도 한번 짚어보면 좋겠습니다.

[서현옥] 네. 팹리스 산업은 또 창의성과 설계 역량을 기반으로 한 첨단 반도체 설계 산업으로 인공지능 AI, 자율주행, 시뮬레이션, 바이오 헬스라든가 4차 산업혁명의 핵심 분야와 융합되어서 새로운 시장을 창출하고 있어요. 팹리스 산업은 단순한 기술 공급을 넘어서 고부가가치 반도체 설계와 공급을 주도하고 있고요. 기술 자립과 글로벌 경쟁 확보에 중추적인 역할을 수행하고 있어요. 경기도 입장에서 팹리스 산업은 미래 성장 동력으로서 산업 구조를 다변화하고, 또 기술 혁신과 양질의 일자리 창출, 나아가서 전략 산업으로의 어떤 도약의 핵심 가치를 지닌 분야라고 생각합니다.

[박성용] 예. 앞서 팹리스 기업이 전국에서 경기도에 가장 많다고 하셨잖아요. 실제로 기업 수는 어떻게 되고, 대표적으로 어떤 기업이 있습니까?

[서현옥] 전국에 140개에 이르는 팹리스 기업이 있는데요. 그중 90개사가 몰려있어요. 전국 최대 팹리스 산업 집적지라고 볼 수 있죠. 그리고 수도권 전체의 70%가 집중된 중심지입니다. 실리콘웍스, 텔레칩스 등 다양한 중소, 중견 팹리스 기업들이 분포해 있고요. 기술력이 있는 중소 팹리스 기업의 성장 지원이 필요한 시점입니다.

[박성용] 관련해서 팹리스 기업들도 지원받고 있잖아요. 그건 알고 있는

데 이들 기업이 겪는 주요한 어려움은 어떤 겁니까?

[서현옥] 현재 경기도는 팹리스 기업을 대상으로 첨단 장비 공동 이용 지원, 시스템 반도체 개발지원센터 등을 운영하고 있고 또 다양한 지원 정책을 추진하고 있는데요. 그러나 현장에 팹리스 기업들은 여전히 초기 개발 자금, 투자 부족, 전문인력 확보의 어려움, 또 고가의 설계라든가 검증 장비의 접근성이 미흡하고요. 또 시제품 제작 인프라가 부족하고, 국내 파운드리 의존에 따른 비용이라든가 시간, 이런 부담이 구조적 제약이 직면해 있습니다. 특히 기술 역량은 충분한데도 불구하고, 이걸 제품화로 이어지기가 어려운 상태의 생태계 구조로 인해서 시장 진출이라든가 사업 확장이 지연되는 경우가 많거든요. 이에 따라서 경기도 차원에서 이렇게 정교하고 실효성 있는 이런 맞춤형 지원체계 마련이 필요한 시점이라고 보여요.

[박성용] 그러네요. 소현 씨, 관련해서 연구원의 이야기 들어보셨다고요?

[황소현] 네. 팹리스 산업 육성, 그리고 반도체 인력 양성에 필요한 방향 등에 대해서 황태호 한국전자기술연구원 반도체 디스플레이 연구 본부장에게 들어봤습니다.

[황태호] 팹리스 산업 육성 정책과 관련해서는 새 정부의 핵심 공약인 AI 반도체 품목에 집중하는 것이 바람직하다고 생각합니다. AI 반도체 시장의 최근 추세는 범용 반도체보다는 수요에 최적화되어 상용화를 전제로 한 고객 맞춤형 AI 칩 개발의 방향으로 진행되고 있습니다. 그 관점에서 수요 교육과 팹리스 산업, 제조 대기업이 위치한 경기도는 AI 반도체 산업 육성에 가장 최적지라고 판단되며, 이를 위해 중앙 정부와 같은 방향으로 판교 팹리스 클러스터 구축의 구체적 집적화 전략을 우선 마련하

는 게 필요해 보입니다. AI 반도체는 단일 칩 형태로 수백억 개의 트랜지스터 규모로 복잡도와 설계 난도가 크게 높아진 데 비해 그간 국내 팹리스 기업의 어려운 시절이 길어지면서 첨단 장비 활용 및 설계 경험 축적이 상당 기간 미흡한 상황에 있다고 판단됩니다. 이를 위해 전문 교육원 설립 또는 기존 인력양성 사업에서 확대 개편하여 최고급 인력 양성을 위한 방안 마련이 필요해 보입니다.

[황소현] 네. 팹리스 클러스터 집적화 전략과 전문 교육원 설립 또 기존 인력 양성 사업을 확대 개편해서 최고급 인력 양성을 위한 방안이 필요하다고 합니다. 지난해 12월 경기도 팹리스 산업 육성 및 지원 조례안을 전국 최초로 발의를 하셨는데, 이 조례안은 자세하게 어떤 내용을 담고 있을까요?

[서현옥] 네. 이 조례안은 경기도 팹리스 산업의 체계적인 육성과 지원을 위한 법적 근거를 마련한 것으로서, 경기도를 첨단 반도체 설계 산업의 허브로 육성하고자 하는 전략 목표를 반영하였고요. 주요 내용으로는 팹리스 기업이 직면한 현실적인 어려움을 해소하고, 지속 가능한 산업 생태계 구축하기 위한 종합적인 지원 내용을 담고 있는데요. 구체적으로는 팹리스의 창업, 사업화, 연구개발 및 기술 혁신, 전문 인력 양성 및 교육, 또 팹리스 관련 시설이나 장비 구축과 국내외 팹리스 산업 관련 기관과의 교류 협력에 대한 내용을 담고 있습니다.

[황소현] 네. 또 하나로 이제 판교 테크노밸리 등 기존 인프라와의 연계 방안이 강조되고 있는데, 구체적으로 어떤 연계 정책이 추진되고 있을까요?

[서현옥] 네. 판교는 이미 ICT 기업과 창업 인프라가 밀집한 지역으로,

팹리스 기업의 기술 융합 및 협업 환경 조성에 최적지의 입지 조건을 갖추고 있어요. 이에 따라서 경기도는 기술 자문, 시제품 공동 제작 플랫폼, 오픈 랩 등을 구축해서 산학연이 유기적으로 협력하는 반도체 클러스터로 발전시킬 계획이 있습니다.

[박성용] 최근 전 세계적으로 팹리스 산업 육성에 적극적으로 투자하는 국가들이 많다고 들었어요. 경기도에서도 참고할 만한 우수 사례가 있을까요?

[서현옥] 네. 요즘 세계 여러 나라가 팹리스 산업을 키우기 위해서 인재 양성과 시설 구축 등에 많은 예산을 투입하고 있는데요. 예를 들면 미국의 실리콘밸리라는 지역을 중심으로 해서 정부와 기업이 함께 힘을 합치는 환경을 만들어서 세계적인 팹리스 회사들이 많이 생겨났고요. 또 대만은 세계 최대 파운드리 회사인 TSMC를 중심으로 팹리스 회사들과 아주 긴밀하게 협력하는 시스템을 만들어 지금처럼 반도체 강국으로 자리 잡게 되었고요. 경기도 판교 같은 IT 중심지가 있어서 이런 글로벌 사례들을 본받아서 정부와 기업이 함께 협력하고, 반도체 관련 기업 전문가들이 많이 양성되는 기술 개발이나 생산을 위한 시설이 잘 갖춰지면 한국형 실리콘밸리로 충분히 성장할 수 있다고 보고요. 마침 오늘 상임위에서 미래 협력위원회에서 경기도 팹리스 수요 연계 양산 지원 사무 위탁 동의안과 또 경기도 공공 팹 활용, 팹리스 기업 시제품 개발 지원 사무회 위탁 동의안이 통과됐거든요.

[박성용] 전 세계 여러 나라가 이 팹리스 산업에 투자한다는 건 그만큼 미래 비전이 많다는 얘기일 거고, 그 과정에서 일자리도 많이 생기고, 경제도 살아나고 여러 가지 부가가치 효과가 있기 때문일 겁니다. 이런 팹

리스 산업 육성과 함께 반도체 인력 양성 부분도 중요하다고 강조하시는데요. 반도체 인력 양성을 위해서 어떤 교육 체계가 필요하다고 보십니까?

[서현옥] 제가 제일 중요하게 생각하는 부분 중에 하나고요. 재작년에는 제가 경기도 반도체 산업인력 양성을 위한 이런 토론회도 진행했고요. 반도체 산업이 계속 성장하려면 양질의 인력 수급이 굉장히 필요하고, 또 균형을 이뤄야 함을 강조했습니다. 그리고 팹리스 산업의 육성을 위해서는 설계부터 검증, 또 제품화까지 아우르는 단계별 실무 중심의 교육 과정이 구축이 시급하고요. 특히 고등학교, 대학교, 대학원, 또 재직자로 이어지는 연속적이고 체계적인 인재 육성이 필요합니다.

[박성용] 예 알겠습니다. 소현 씨, 경기도 반도체 산업과의 이야기 들어보셨다고요?

[황소현] 네. 경기도의 팹리스 산업 육성 정책, 그리고 반도체 인력 양성 정책과 관련해서 앞으로의 계획에 대해서 홍성호 경기도청 반도체 산업과 과장에게 들어봤습니다.

[홍성호] 경기도는 반도체 산업의 미래 경쟁력 확보를 위해 시스템 반도체, 특히 팹리스 산업 육성에 중점을 두고 추진하고 있습니다. 판교를 중심으로 시스템 반도체 지원 시설과 앵커 기업을 유치해서 팹리스 클러스터를 구축하고, 또 기업들이 기술 개발 등 역량을 높일 수 있도록 첨단 인프라 구축과 다양한 지원을 제공하고 있습니다. 특히 반도체 산업은 인력 수급이 매우 중요한 만큼, 차세대 융합기술원을 중심으로 대학과 기업이 협력하는 현장 중심형 인력을 양성하는 반도체 전문인력 양성 사업을 적극적으로 추진하고 있습니다. 올해 하반기에는 팹리스 전문

인력 양성 사업도 신규로 추진할 계획입니다. 이러한 정책과 지원을 통해 경기도는 팹리스 기업의 활성화와 양질의 일자리 창출 그리고 글로벌 기술경쟁력 확보를 기대하고 있습니다. 앞으로도 경기도가 대한민국 팹리스 산업의 성장을 이끌 수 있도록 최선을 다하겠습니다.

[황소현] 네. 차세대 융합기술원을 중심으로 대학과 기업이 협력해서 반도체 전문인력 양성 사업을 적극적으로 추진하고 있고, 또 올해 하반기에는 팹리스 전문인력 양성 사업을 신규로 추진할 계획이라고 합니다. 그리고 이제 경기도가 운영 중인 반도체 전문인력 양성 프로그램이 충분히 지금은 공급되고 있는지, 이 부분도 궁금합니다.

[서현옥] 네. 현재 경기도는 이런 반도체 산업 전반에 필요한 인재를 체계적으로 양성하기 위해서 다양한 프로그램을 운영하고 있는데요. 2023년도부터 대학 취업 준비생이라든가 특성화 고등학교의 교원 등을 대상으로 반도체 소부장 분야의 실무형 기술 인력 및 교원 연수 교육을 진행하고 있고요. 아까 말씀하신 것처럼 차세대 융합기술원과 도내 대학들이 협력해서 이론이라든가 실습 기반의 어떤 공정 장비 교육이 특히 강화된 반도체 공유대학과 연계해서 반도체 소재 특화 인재 성을 위해서 교과 현장 실습, 취업 연계형 교육, 나노디그리 이수증 발급 과정 등을 운영하고 있습니다. 저는 경기도의원으로서 며칠 뒤에 반도체 인력 양성 관련해서 특성화 고등학교가 미래 시대의 직업 환경에 어떻게 대비해야 하는지 이런 정책토론회도 준비하고 있는데요. 노력이 경기형 반도체 인재 생태계를 조성해 나가는 데 도움이 될 것으로 생각합니다.

[박성용] 물론 지금 경기도에서도 최대한 노력하고 있겠습니다만 과제도 또 있겠죠. 경기도가 4차 산업 혁명 시대를 선도하기 위해서 앞으로

어떤 지원이 더 필요하다고 보십니까?

[서현옥] 4차 산업 혁명은 기술뿐만 아니라 교육 제도와 같은 산업 생태계 전반의 혁신을 요구하고 있는데요. 경기도가 이 흐름을 주도하려면 기술 기반이라든가 지원, 또 함께 사람 중심의 시스템 전환이 필요하다고 생각하고요. 첫째는 데이터 또 AI 반도체 등 핵심 분야의 전략적 투자가 확대돼야 할 필요성이 있고, 특히 팹리스, AI 반도체 등 고부가가치의 기술에 대한 지속적인 연구개발, 창업 지원이 중요하고요. 둘째로는 전문 인재 양성 체계 고도화가 필요하다고 생각합니다. 또 산학 협력의 기반이 이런 실무형 교육, 또 기업과 연계된 프로젝트형 교육 등 산업 현장과 바로 연결되는 인재 공급 체계가 필요합니다. 셋째는 스타트업과 중소기업이 자유롭게 연구하고 성장할 수 있는 규제 샌드박스형 혁신 공간이라든가, 이런 오픈랩 테스트베드 인프라 확대가 절실하게 필요합니다.

[박성용] 미래과학협력위원회 위원이시잖아요. 앞으로 계획도 궁금합니다.

[서현옥] 네, 팹리스 산업과 반도체 산업 인력 양성은 경기도의 미래를 여는 열쇠라고 생각하고 있고요. 그리고 팹리스 산업과 반도체 산업의 실질적인 발전을 위해서는 무엇보다도 전문 인력 양성이 가장 중요하다고 생각합니다. 저는 미래과학협력위원회 위원으로서 관련 사업 추진이라든가 면밀한 검토, 또 제안, 실효성 있는 관련 조례 등을 제정해서 도민에게 실질적인 혜택이 돌아갈 수 있도록 힘껏 노력하겠습니다.

[박성용] 예, 알겠습니다. 끝으로 우리 도민들에게 전하고 싶은 이야기 있으시다면요.

[서현옥] 힘든 경제 여건 속에서도 묵묵히 일하면서, 또 가족과 지역사

회를 위해서 최선을 다하시는 우리 경기도민 여러분, 그리고 평택 시민 여러분께 깊은 존경과 감사의 마음을 전하고요. 여러분의 삶이 조금 더 희망차고 안정될 수 있도록 늘 현장에서 목소리에 귀 기울이면서 실질적인 지원과 변화를 만들어 가겠습니다.

[박성용] 알겠습니다. 오늘 두 분 말씀 여기까지 듣죠. 고맙습니다.

[서현옥] 감사합니다.

[황소현] 감사합니다.

다양한 인재양성 프로그램 마련 필요

나는 지난해 열린 '2024 차세대 반도체 패키징 산업전' 개막식에 참석하여 평택시 홍보관과 관내 기업 부스를 찾아 기업들의 노력과 성과를 격려하면서 적극적인 지원을 약속했다.

평택은 삼성전자와 평택항이 입지하여 반도체 관련 중소기업이 성장하는 데 최적의 조건을 가졌다. 평택시에서도 적극적인 홍보와 다양한 지원사업을 통해 소재·부품·장비 기업을 유치하고 세계 반도체 산업의 중심지로 거듭날 수 있도록 발로 뛰겠지만, 나 역시 도의원으로서 할 수 있는 모든 지원을 아끼지 않을 것이다.

반도체 제조 산업은 한국 경제의 뿌리라고 할 수 있지만, 관련 중소기업들은 인력난 등 많은 어려움을 겪고 있다. 경기도를 중심으로 다양한 인재양성 프로그램을 마련하고, 기업이 체감할 수 있는 지원사업을 통해 기업 성장을 북돋을 것이다.

AI 반도체 산업 중장기적 로드맵 필요

나는 지난 2024년 11월 8일, 경기도의회 정례회 제1차 미래과학협력위원회 AI국 행정사무 감사에서 AI 반도체 산업 육성 및 지원을 위한 중장기적 로드맵을 마련할 것을 촉구하고 AI 혁신을 위한 데이터 수집 및 공유의 중요성을 역설했다.

나는 이 자리에서 데이터 기반 행정 활성화에 관한 법률에 따라 공공기관 간 데이터 공유가 가능한데도 AI국이 별도로 공공기관들과 업무협약을 통해 데이터를 공유할 필요가 있는지 의문을 제기하고, 민간 기업과의 데이터 공유 협약의 필요성에 대해 집중적으로 질의하는 가운데 SK텔레콤 등 특정 기업과의 협약 체결 배경에 대한 명확한 설명을 요구했다.

AI 기술 발전과 국가경쟁력 강화를 위해서는 AI 전문 인력의 안정적인 확보 및 명확한 업무 보장이 중요하다. 특히 최근 미국의 첨단기술 통제 강화 이후 AI 기술 격차 심화 가능성이 제기되고 있는 만큼, 경기도 차원의 AI 반도체 산업의 성장을 위한 중장기적 로드맵 마련이 시급하다. 구체적으로는 AI 클러스터 사업을 통한 국산 AI 반도체 활용 확대, 도내 반도체 기업과의 협력 강화 등을 통한 경기도 AI 반도체 산업 육성 지원이 필요하다.

나는 진작부터 경기도 반도체 산업 활성화에 필요한 반도체 인재 양성 정책토론회를 진행하는 등 인재 양성 및 기술 개발을 위한 산학연 협력과 반도체 산업 관련 경기도 중소기업 지원 제도 마련을 위해 활발히 활동해왔다. 차세대 융합기술원 대형 연구동에서 열린 '경기도 반도체 기술센터' 개소식에 참석하여 격려하고 정책을 제안한 것도 그런 활동의 하나다.

　반도체 산업은 전 세계적으로 주목받는 분야 중 하나로, 도내 반도체 분야 중소기업들이 반도체 산업에서 주도적인 역할을 하도록 지원하는 것이 경기도의 중요한 과제로 자리 잡았다. 도내 반도체 중소기업들은 혁신적이고 뛰어난 기술력과 아이디어를 가졌지만, 실제 현장에서는 첨단 장비의 활용이나 인력 양성 및 매칭 등에 어려움을 겪고 있다. 경기도 반도체 기술센터는 이러한 중소기업들을 위해 첨단 장비의 지원과 인력 양성을 통해 혁신적인 발전을 이루어나가기 위한 지원을 제공하는 등의 중요한 역할을 할 것이다. 구체적으로는 반도체 전공정 및 후공정 분야의 요소기술 실증 기반 구축 및 지원, 경기도 반도체 통합지원 추진단 구성·운영, 대-중소기업 협력 플랫폼 조성, 중소·중견기업 수요 중심 실무형 기술 인력 양성 및 반도체 교원 역량 강화 등을 추진하게 된다.

현장 중심의 교육 과정과 산학 협력 체계 기반 강화

　나는 지난 2025년 4월 25일, 국제대학교에서 진행된 '경기도 반도체 산업 전문인력 양성사업 전문학사 공유대학 사업'의 2차년도 운영 킥오프 행사에 참석하여 격려하고 정책 제안을 했다. 이 사업은 경기도가 반도체 인력 수급 불균형 해소와 산업 경쟁력 제고를 위해 추진하는 사업으로, 대학과 기업 간 체계화된 인력 양성 체계 구축을 목표로 한다.

경기도가 추진하는 반도체 인력 양성 사업은 단순한 직업 교육을 넘어, 경기도와 대한민국 반도체 산업계에 반도체 분야의 인력 공급 안정화 및 실무형 인력 양성을 효과적으로 지원할 수 있는 사업이 되어야 한다. 전문대학을 중심으로 한 공유대학 체계가 실무 중심 인재를 양성하는 데 가장 효율적인 모델로 작동할 수 있도록 가능한 모든 지원을 아끼지 않을 것이다.

지난 1차 연도 사업에서 도출된 실질적 성과들을 바탕으로, 2차 연도에는 보다 현장 중심의 교육 과정과 산학 협력체계 기반이 강화되어야 하며 반도체 산업 현장에 맞춤형 인재의 수요가 높은 만큼 지역 내 전문대학들과의 긴밀한 연계를 통해 청년들이 지역에서 교육받고, 곧바로 취업으로 이어질 수 있는 생태계를 만드는 것이 중요하다.

또 반도체 인력 양성을 위해 고등학교—전문 학사—학사—석·박사로 이어지는 단계별 교육 체계가 구축되어야 하며, 이는 인재 양성 기반을 더욱 탄탄히 하고 청년 세대의 성장을 함께 이끌 수 있는 중요한 발판이 될 것이다.

에너지 혁명을 앞당기는
입법 지원 활동

에너지 혁명의 심장으로 통하는 이차 전지 산업

이차 전지 산업은 에너지 혁명의 심장이다. 지난 2024년 4월 23일, 경기도의회 경제노동위원회 위원으로 내가 발의한 '경기도 이차 전지 산업 육성 및 지원 조례' 제정안이 원안대로 가결되었다. 이로써 경기도의 이차 전지 산업을 육성하고 지원하기 위한 법적 근거가 마련되었다. 세부 내용은 이차 전지 산업 육성계획 수립·시행, 실태조사, 육성 사업 명시, 기업 유치 지원, 협력 체계 구축 등을 담고 있다. 이로써 경기도의 이차 전지 산업이 더욱 발전하고, 지역 경제 활성화에도 이바지할 것이다.

이번 조례안으로, 저가형 배터리 경쟁으로 어려움을 겪는 경기도 내 기업들을 지원하고 활성화할 수 있는 제도가 마련되었다. 이에 경기도는 이차 전지 산업을 미래 성장 동력으로 육성하기 위해 산·학·연 협력 구조를 구축하고 연구개발 등을 통해 이차 전지 산업이 발전할 수 있도록 지원해야 할 것이다.

수소 산업도 연관 산업이자 유망한 미래산업

 이에 더해 나는 '경기도 미래 자동차 산업 육성 및 지원 조례' 제정안을 제출하여 경기도 첨단 산업에 관한 제도를 연이어 마련함으로써 안정적 지원을 통해 첨단 산업 발전과 지역경제 활성화에 이바지할 것으로 기대한다.

반도체와 모빌리티 산업뿐 아니라 수소 산업도 유망한 미래산업이다.
2023년 말에 내가 발의한 '경기도 수소 산업 육성 및 지원에 관한 조례 일부 개정 조례안' 이 수소 산업의 저변을 확대함으로써 새로운 기회를 창출하고 있다.

 수소 산업을 새로운 미래 먹거리 산업으로 설정한 나는 계속하여 수소 산업 활성화를 위한 활동을 이어갔다. 지난 2024년 5월에는 평택에 자리한 액화수소 실증연구단지를 찾아 연구개발에 매진하는 연구진의 노고를 위로하고 현장의 목소리를 경청했다.

평택항의 미세먼지와 대기오염이 우려되는 가운데 친환경 연료 사용 운송수단의 활성화를 위해 액화수소 저장·운송에 대한 혁신 기술 개발이 더욱 중요해지고 있다. 평택시가 2023년 말에 청정수소 시험평가 및 실증화 지원 기반 구축 사업에 선정되고, 수소 산업 관련 지원사업을 추진하게 된 것은 다행이며, 앞으로 관련 대기업들과의 협업에도 힘써야 할 것이다.

중소기업이 살아야
전체 산업이 산다

중소기업 금융 부담 완화를 위한
저금리 보증상품 개발 필요

경기도도 그렇지만, 그중 평택시는 중소기업이 많은 지역이다. 나는 일찍이 기회만 나면 중소기업들과의 소통에 시간과 수고를 아끼지 않았다.

지난 2023년 7월에는 김동연 경기도지사를 초청하여 평택지역 중소기업인과 소통하는 시간을 가졌다. 나는 이 자리에서 평택 중소기업들의 인력난과 코로나 여파로 인한 수출 부진으로 악화한 경영환경 개선을 위한 지원 방안을 비롯하여 평택시 기업인들의 민원에 대해 집행부와 지속하여 논의하고 문제 해결에 힘쓸 것을 약속하고, 그 약속을 지켜왔다.

평택시는 경기경제자유구역, 삼성반도체 평택공장, KAIST 등을 지역에 유치하며 대한민국 경제 발전의 새로운 메카로 떠오르고 있다.

나는 또 경기신용보증재단 소상공인·중소기업 지원사업 설명회에 참석하여 고물가·고금리·고환율 시대 경제위기 대응을 위한 도민 의견을 수렴하고 도민 지향의 정책 추진을 위해 소상공인과 소통했다.

설명회에는 수원시, 화성시, 평택시, 오산시, 안성시, 군포시, 의왕시 등 경기 남부권역에서 다양한 분야에 종사하는 소상공인들이 참석해 의견을 개진했으며 특히 고금리로 인한 극심한 자금난을 호소하는 동시에 경기신용보증재단이 소상공인 금융부담 완화를 위해 저금리 보증상품 개발에 적극적으로 나설 것을 요청했다.

평택시를 비롯한 경기 남부권역 소상공인들이 하루빨리 일상을 회복할 수 있도록 도의회 차원에서 경기신용보증재단을 적극적으로 지원하고, 관련 대책 마련과 예산 편성 등 지속적인 노력을 기울여왔다.

부품 산업 지원 방안 모색을 위한 의정 활동

중소기업의 주 분야는 부품 산업이다. 그러므로 부품 산업에 대한 지원도 매우 중요하다. 나는 지난 2023년 6월, 도내 자동차 부품 산업 지원방안 모색을 위한 간담회를 개최했다. 자동차 산업이 내연기관 중심에서 전기차·자율주행차 등으로 패러다임이 전환되는 과정에서 전국 자동차산업 관련 부품업체의 22%가 소재하는 경기도에서 중소 부품기업의 생존 방안과 성장모델 발굴, 지원 방안 모색이 필요하다는 데 공감한 것이다.

미국에서 반환경주의자인 트럼프가 다시 대통령에 뽑혀 일시적으로 환경정책이 퇴행하고 있지만, 시대의 흐름은 거스를 수 없다. 수년 내로 세계 주요 국가들은 내연기관 자동차 판매금지 정책이 본격 시행되어 자동차 산업은 내연기관에서 친환경 연료 차로 빠르게 재편될 것으로 보여 자동차 공급망 재편 과정에서 부품업체들은 자체 기술 개발, 기술제휴, M&A 등으로 미래 경쟁력을 확보하지 않으면 생존을 담보하기 어려운 상황이다.

자동차 외에도 소형 모빌리티의 비중과 수요가 확대되고 있어 중소 부품업체들은 기존의 단순 수주 생산 방식에서 벗어나 협업을 통한자력 성장의 기회를 마련할 수 있게 될 것이다.

이에 평택시 역시 경기도와 공익 차원의 소형 모빌리티 비즈

니스모델 개발 및 판로 확보가 필요하다.

경기도는 기존 내연기관 부품기업이 전기차로 전환하여 산업환경 변화에 연착륙할 수 있도록 도와야 한다. 도내 자동차 부품 산업의 경쟁력 확보와 신사업 분야 개척을 위해 기술개발제품 시범 구매 제도 등을 통해 판로 확보와 경영 안정을 도모하도록 할 필요가 있다.

법 위반 기업의 합리적 제재 조정과 지원 방안 강구

위법사항 경중을 고려한 제재 기준 마련

　기업은 기업활동을 하는 가운데 법 위반을 하게 되는데, 비용을 아끼거나 부당거래를 하느라 법 위반을 하기도 하지만, 위반인 줄 모르고 법을 위반하기도 한다. 이런 기업의 법 위반에 대한 규제와 처벌도 궁극적으로는 기업활동을 정상화하고 돕는 취지에서 이루어져야 한다. 특히 모르고 위반한 경우에는 처벌보다는 법률 지원이 우선해야 기업이 정부와 지자체를 믿고 마음껏 기업활동을 할 수 있을 것이다.

　그래서 나는 위법 사항 경중을 고려한 제재 기준 마련을 통해 더 많은 기업에 성장 기회를 주도록 의정활동의 초점을 맞추었다. 그 활동의 하나로 2024년 9월, 법 위반 기업 제재기준 현실화 연구용역 추진 방향을 논의했는데, 이 연구용역은 현재 위반 수위에 상관없이 일률적으로 적용되는 '법 위반 기업에 대한 제한 조치'의 합리적 기준을 마련해 기업 하기 좋은 경기도를 만들기 위한 것이다. 현행 '경기도 법 위반 기업에 대한 기업 지원 제한 조례'에는 공모일로부터 2년 이내 법 위반 사실이 있는 기업에 대해 도가 추진하는 각종 사업의 지원 대상에서 제한할 수 있도록 규정하고 있다.

이런 규정은 철저한 법률 준수 등 건전한 기업문화 조성을 위한 조례의 취지는 존중하지만, 위반 사항의 경중에 상관없이 지원사업 선정 기회를 원천 차단하는 건 기업에 사형선고나 다름없다. 그러니까 법 위반 기업에 대한 지원 제한 조례가 법 준수 문화의 확산이라는 좋은 취지에도 불구하고 현실적인 제한 조치 규정이 미비하여 기업 경영을 어렵게 하는 요인이 되어온 것이다. 그러므로 적용되는 법과 이에 따른 행정처분의 경중에 따라 제한 조치를 세밀화할 필요가 있다.

이에 따라 경기도의회는 법 위반에 따른 행정처분의 종류와 경중을 정리하는 작업을 위한 행정적·재정적 지원을 해왔으며, 기업활동을 잘할 수 있는 경기도가 되도록 기타 제도도 면밀하게 검토해왔다.

법 위반 기업에 대한 합리적인 제재 기준 설정

나는 이미 2023년 10월에 '경기도 기업 지원 공모요건 현실화를 위한 정담회'를 열어 경기도 법 위반 기업 지원 제한 조치에 대한 도내 중소기업과 공공기관의 의견을 수렴한 바 있다.

법 위반 기업 제재 기준 현실화 연구용역 추진 방향을 논의에 이어 지난해 12월에는 '법 위반 기업에 대한 합리적인 제재 기준 설정 연구용역 최종 보고회'를 열었다. 보고회에서는 기업의 법 위반 행위에 대한 제재 기준을 합리적으로 조정하여 기업의 부담을 완화하고, 법 질서 확립과 기업 하기 좋은 환경 조성을 목표로 한 연구용역 결과 발표와 함께 기업 지원방안에 대한 깊이 있는 논의가 이루어졌다.

이 연구용역의 취지는 중소기업이 경미한 법 위반으로 경기도 지원사업에서 배제되어 기업 성장의 기회를 놓치지 않도록 다시 한 번 기회를 주고자 하는 것이다.

법을 위반한 사실조차 인지하지 못하는 소기업에 대해서는 처벌보다는 법 위반을 해소하고 지원사업을 통해 앞으로 법 위반을 하지 않도록 돕는 것이 더 중요하다.

연구용역 결과 공정·노동·환경·납세 관련 12개 법률을 분석하여 법 위반 유형을 6가지로 분류하고, 위반 행위의 경중에 따라 가중치를 부여하는 방안을 제시했다. 특히 395개 법 조항 중 59개 조항에 대해서는 제재를 유예하는 방안을 제안함으로써 기업활동에 활력을 불어넣었다.

농업의 세계화 책임질 청년 농업인들과 소통

나는 2023년 7월, 경기도의회 경제노동위원회 위원으로서 평택시 농업기술센터에서 열린 평택시 청년 농업인과의 간담회에 참석했다. 청년 농업인들이 안정적으로 농촌 일자리를 창출하고 경기도 농업 경쟁력을 높일 수 있는 농업 환경을 만들어주는 게 그 어느 때보다 중요한 시점이다. 우리가 농업을 어떻게 하느냐에 따라 농업에서 좋은 일자리를 창출할 수 있고, 무엇보다 농업은 식량 안보를 위해서라도 꼭 지키고 부흥시켜야 할 중요한 산업이다.

나는 이런 자리를 통해 새로운 시각으로 청년 농업인에 대한 인식을 높이고 제도적으로 지원해야 할 부분, 개선해야 할 점에 대해 배우면서 우리 농업이 나아가야 할 비전을 고민했다.

수출 다변화로 글로벌 위험을 분산해야

미국의 막무가내식 관세 정책 때문에 세계 경제가 요동치고, 각국이 피해를 최소화하느라 골머리를 앓고 있다. 이는 한편으로 국제무역에서 몇몇 나라에 편중된 무역 구조가 얼마나 취약하고 위험한지를 잘 보여준다. 특히 해외 무역 의존도가 높은 우리 경제 구조상 수출 다변화는 더 늦출 수 없는 시급한 과제다.

나는 2025년 2월 14일, 미래과학협력위원회 국제협력국 업무보고에서 미·중 무역 패권 경쟁 심화에 따른 경기도 수출 시장의 불확실성을 지적하며, 수출 다변화를 위한 구체적인 전략 마련을 촉구했다.

현재 경기도의 수출은 미국에 편중되어 있어 미·중 무역 갈등 심화 시 큰 타격을 입을 수 있다. 미국 외에 동남아시아, 유럽 등 새로운 시장을 개척하여 수출 포트폴리오를 다변화해야 한다. 또 미·중 간 기술 패권 경쟁 심화에 따라 경기도 기업들이 기술 개발 및 보호에 대한 압박을 받을 수 있으므로 지속적인 연구개발 투자와 함께 지식 재산권 보호를 강화하여 기술경쟁력을 유지해야 한다.

미·중 갈등이 경제 안보 문제로까지 확대되는 상황에서 수출 통제, 투자 제한 등 새로운 규제들이 등장하고 있다. 글로벌 규제 변화에 신속히 대응할 수 있는 체계를 구축하고, 기업들의 위험 관리 역량을 강화해야 한다.

경기도는 미·중 무역 패권 경쟁의 영향에 효과적으로 대응하고, 도내 기업들의 지속 가능한 성장을 지원하기 위해 수출 다변화와 기술 혁신 지원에 적극적으로 나서야 할 것이다.

평택을 살리는
지역경제 활성화와 소상공인 지원

소비자와 중소상공인 모두 보호받아 마땅한 도민으로서

서로 존중하고 배려하는 문화의 확산을 위해 적극적으로

개선 방안을 제안하고 경기도의원으로서

책임을 다할 것을 약속하고,

그 약속을 지키려고 힘껏 노력해왔다.

발로 뛰면서 챙기는
지역경제 현장

어려운 문제일수록 답은 현장에 있다

나는 평택시의 경제 현안을 챙기면서 책상머리 자료 검토만으로 만족하지 않았다.
직접 현장을 찾아 문제점을 확인하고 주민들의 목소리에 귀를 기울였다. 아무리 어려운 문제도 답은 늘 현장에 있었다.

가령, 2023년 6월에는 경기신용보증재단 평택지점에서 평택시 기업인들의 생생한 목소리를 청취하고자 일일 명예 지점장으로 현장 소통에 나섰다. 현장에서 직접 지역기업들의 애로사항과 체감 경기를 파악하여 의정에 반영하고자 내가 제안하여 추진된 행사다. 나는 이런 다양한 현장 소통을 통해 지역에 대

일일 명예 지점장으로 활동하며 현장의 소리 경청

한 높은 이해도를 바탕으로 경제, 교육, 문화 등 다양한 분야의 정책을 알차게 기획하고 추진하고자 노력한다.

현장에 답이 있다는 원칙으로 일관한 나의 행보는 디지털 소외계층을 위한 '찾아가는 현장 보증 서비스' 확대에까지 미쳤다. 이후로도 도내 자동차 부품 산업, 반도체 산업, 모빌리티 산업 등 지역특화산업의 육성 및 발전을 위한 현장 소통의 의정활동을 멈추지 않았다.

현장 상담에 응한 평택시 중소기업인과 소상공인들은 보증기관의 기업 보증지원이 장기간의 경기침체로 인한 만성적인 자금난 해소에 도움이 될 거라며 적극적인 지원을 요청했다. 또 소비 촉진을 위한 골목상권 활성화, 기업 역량 강화를 위한 창업기업 지원 등 비금융 부문의 지원 정책이 필요하다는 의견을 전달했다. 나는 이들 건의 사항에 공감하며 지역경제와의 활발한 소통을 통해 맞춤 정책 마련에 힘쓰겠다고 화답했다.

골목상권을 살려야 지역경제가 산다

중소기업인과 소상공인들의 만성적인 자금난도 시급히 풀어야 할 문제지만, 더 근본적으로는 골목상권을 살림으로써 지역경제를 활성화하여 자금난 문제를 대출이 아니라 매출을 늘려 생산적으로 해결하는 것이 중요하다.

나는 지난 2023년 8월, 지역 국회의원·경기도의원·시의원 등과 함께 지역경제 활성화 방안 모색 차원에서 평택시 만세로 상가 번영 간담회에 나섰다. 나는 만세로 상가번영회에 도움이 될 경기도의 골목상권 지원 사업을 알리기 위해 경기도시장상권진흥원 남부센터 이창무 센터장을 간담회에 초청하고, 상권 활성화를 위해 진행되는 경기도 차원의 지원 사업을 소개했다. 이 자리에서는 상인들의 애로사항을 청취하고 해결 방안을 논의했다.

경기도의 지원 사업뿐 아니라 중앙과 기초 모두 아우르는 정책과 지원 사업 추진을 확대하는 한편, 당면한 애로사항을 신속히 해결하기 위해 여러 주체가 일심으로 협력할 필요가 있다.

경기도의회의 노력에 화답하듯 평택시는 소사벌상인회와 북부중앙상인회를 각각 골목형 상점가로 지정함으로써 지역경제에 실질적인 활력을 불어넣는 값진 행보를 보였다.

골목형 상점가 지정은 음식점, 소매점 등 소상공인이 밀집해 있고 상인회 등 조직이 결성된 골목상권을 대상으로, 해당 구역의 특성과 발전 가능성 등을 종합적으로 고려하여 지방자치단체가 지정하는 제도다. 이는 경기침체로 인해 위축된 골목상권을 지원하고, 소상공인의 경쟁력 강화를 위해 추진하는 요긴한 제도다.

골목형 상점가로 지정되면 전통시장과 같이 온누리상품권 가맹 등록, 시설 현대화 지원, 경영 개선사업 참여 등 다양한 혜택을 받을 수 있어 지역 상권 활성화에 실질적인 도움이 될 것이다.

다만, 이런 지정 조치가 실질적인 효과를 거두려면 간판 교체에 그치는 것이 아니라 공동마케팅, 상인 역량 강화, 청년 창업 유치 등으로 이어져야 한다. 당연히 도의회 차원에서도 조례 제정과 예산 지원 등 현장의 목소리가 정책에 반영될 수 있도록 할 것이다.

현실적인 전통시장 지원 사업이 필요하다

나는 지난 2023년 6월, 경기도 미래성장산업국 결산 심의 과정에서 전통시장 관련 사업에 대해 낮은 예산 집행률과 현장 소통 부재를 지적하면서 현실성 있는 전통시장 지원사업으로 재설계할 것을 요구했다.

전통시장 지원사업은 국비, 도비, 시·군비 등이 지속하여 투입되어왔고 규모가 상당한데도 불구하고 현장 상황에 대한 즉각적 대응이 부족해 집행률 저조, 사업 효과성 부족이 지적되었다.

이런 사업에는 경기도의 재원이 투여되는 만큼, 지역적 형평성을 고려하고 지원 요건을 완화해 지원이 절실한 지역의 전통시장이 고루 혜택을 받을 수 있게 사업 내용을 재정비할 것, 행정 능력 부족으로 전통시장 지원 공모 사업을 지나치는 일이 없도록 행정 지원에 나설 것을 요청했다. 또 현장에서 이뤄지는 수요 조사 등을 토대로 현장의 요구와 상황을 반영한 특색 있는 전통시장 사업이 되도록 고민할 것을 담당 집행부에 당부했다.

전통시장·골목상권은 지역경제의 근간으로 생활경제의 거점인 동시에 주민들을 연결해주는 커뮤니티 역할을 하지만, 코로나의 장기화, 물가·금리 상승, 소비·유통 형태의 다양화 등에 따라 점차 지역 상권의 규모가 위축되고 소상공인의 피해가 급증하고 있다. 소상공인을 보호하고 자생력을 강화할 수 있도록 골목상권 공동체를 조직화하고, 이를 통해 골목상권을 성장·육성 지원하여 대표 상권으로 조성할 수 있도록 할 필요가 있다.

골목상권 공동체 및 특성화 지원 사업으로 상권을 활성화함과 동시에 지역 상권 특성에 맞는 특화 사업 및 지속적인 상권 활성화를 위한 장기적 관점의 지원 정책이 필요하다.

소상공인 연착륙을 위한
예산 지원방안 강구

● ● ●
필요한 자금은 필요한 때에

 기업은 필요한 자금이 필요한 때에 조달되어야 운영이 끊어지지 않고 운영될 수 있다. 어떤 마음씨 착한 사람이 한여름 뙤약볕에 길을 가는데 물이 다 말라가는 웅덩이에 든 물고기가 하소연했다. 물이 흐르는 옆 도랑으로 옮겨 달라고. 그러자 그 사람은 '내 지금은 몹시 급한 일로 다녀올 데가 있으니 다녀오는 길에 옮겨주마' 하고는 가던 길을 가버렸다. 물고기는 그가 다녀오기 전에 웅덩이에서 말라 죽었다.
 자금난에 봉착한 기업도 이와 사정이 다르지 않다.

당장 수일 내로 자금이 필요한데, 자금 융자 요건이 되는데도 불구하고 융자 결정과 집행이 늦어져

자금을 기다리느라 웅덩이의 물고기처럼 말라 사라지는 기업이 있어서는 안 된다.

나는 지난 2023년 9월, 토론회를 열어 경기신용보증재단 평택지점장 등이 참석한 가운데 도내 소상공인 연착륙 예산 지원 정책을 논의했다. 지원 내용은 '경기 기회 UP 특례보증 추진안'으로 경기침체 속 민생 안정 특별대책을 통한 도내 소상공인의 연착륙 지원을 목적으로 5,000억 원 지원 규모, 도내 소상공인으로 중·저신용자, 저소득자 및 사회적 약자 대상, 지원 한도 5,000만 원 이내에서 지원하는 안이다.

소상공인은 지역 경제를 지탱하는 뿌리이므로 가능한 모든 수단을 동원하여 지원하고 북돋을 필요가 있다.

소비자의 날에 상생을 논하다

매년 11월 29일은 '소비자의 날'이다. 물론 평소에도 그래야겠지만, 이날은 특별한 의미를 부여하여 소비자·상인을 위한 상생 방안을 논의해왔다.

지난 2023년 소비자의 날에도 기념 토론회에 참석하여 소비자와 소상공인의 상생을 위한 방안을 논의하고 참석자들과 함께 블랙컨슈머로 인한 피해 실태를 조명하는 한편 실질적인 개선 방안도 모색했다.

이 자리에서는 경기도가 악성 민원을 포함한 민원율 30.5%로 전국 1위를 차지한 사실을 공유했다. 특히 소상공인은 민원 대응 인력 부족과 평판에 민감한 상황에서 10명 중 8명이 악성 민원을 그대로 수용하는 것으로 나타났다. 법적 처분을 위해 소송을 진행하는 데는 상당한 부담이 따르기 때문이다.

그래서 나는 소비자 민원에 대처하는 전담 인력의 부재로 인해 소비자의 악성 민원이 증가하는 것을 방지하기 위한 민원 대응 매뉴얼, 소비자 인식 교육, 악성 민원 조정을 위한 경기도 차원의 긴급 SOS 콜센터 운영, 분쟁 조정신청 제도 등을 통한 블랙컨슈머 예방 및 대응 제도 마련의 필요성을 제기했다.

소비자와 중소상공인 모두 보호받아 마땅한 도민으로서 서로 존중하고 배려하는 문화의 확산을 위해 적극적으로 개선 방안을 제안하고 경기도의원으로서 책임을 다할 것을 약속하고, 그 약속을 지키려고 힘껏 노력해왔다.

경기도 및 평택시
경제 산업 현안 챙기기

경기경제자유구역의 실질적 발전 방안 강구

내가 대표 발의한 '경기경제자유구역 발전자문위원회 설치 및 운영 조례안'은 경제자유구역의 주요 정책 및 현안을 효율적으로 추진하기 위해 경기경제자유구역 발전자문위원회를 설치하고 운영에 필요한 사항을 규정하여 경제자유구역 관련 정책을 더욱 강력하게 실행하기 위한 제도 마련에 제정 취지가 있다.

경제자유구역 선정부터 개발 및 투자 유치 등 경제자유구역을 둘러싼 다양하고 복잡한 현안들이 산적해 있어 전문적인 자문이 필수적인 실정이지만, 기존에 운영 중인 투자유치자문단은 투자 분야에 한정된 자문만을 위한 기구이며 다양한 정책 결정에 자문 역할을 하기에 한계가 있다. 따라서 경기경제자유구역청이 추진하는 정책의 전반에 대한 전문적 의견 수렴 및 전략적 결정을 강화하는 자문위원회 설치가 절실했다.

이번 조례안 제정을 통해 기존 경제자유구역의 원활한 발전을 도모하고 나아가 경기경제자유구역 신규 선정을 위한 전략을 수립하게 될 것이다.

경기도에는 현덕지구 등 경제자유구역 지정 이후 15년 가까이 성과 없이 표류 중인 사업도 있는 상황이어서 관련 조례안 제정은 정치가 타이밍의 예술이라는 사실을 잘 보여준다.

행정기관에 대한 실질적 관리 감독

의원의 책무로 입법이나 예산 활동도 중요하지만, 행정기관에 대한 관리 감독도 그 못지않게 중요하다. 그것은 예산 집행에 대한 관리 감독이기도 하기 때문이다.

나는 2023년 11월, 경기도 경제투자실에 대한 행정사무 감사에서 공공기관의 고질적인 문제들을 지적하고 경제투자실 집행부의 역할을 묻는 한편 경기도시장상권진흥원 남부센터 개소 관련 문제에서부터 중소기업 지원에 관한 서비스를 담당하는 기관의 거점센터를 한곳에 모아 행·재정력을 효율적으로 운영하는 방법에 이르기까지 대처 방안과 소관 부서로서 책임 등 공공기관 관리 감독에 대한 심도 있는 질의를 이어갔다.

나는 경기도에서 자체적으로 운영하던 인재 양성 사업 등이 지자체 경상 보조 사업으로 변경하여 계획한 것을 지적하고 경기도민을 위한 지원 사업이 지자체에 부담을 주는 방향으로 진행되는 사실을 지적하고 개선할 것을 요청했다.

나는 이 자리에서 경기도의회와 집행부가 긴밀하게 협력하여 예산 낭비를 최소화하기 위한 논의를 게을리하지 말 것을 제안하고 이러한 노력을 통해 도민을 위한 지원사업의 효과가 극대화되도록 힘써 줄 것을 요청했다.

평택시민과 함께 얻은 귀중한 승리

평택항 매립지 문제는 오래 묵은 지역 현안이다. 매립지 문제란 무엇일까?

평택항 앞에 조성한 매립지를 두고 경기도 평택시와 충청남도 당진시가 한동안 관할권을 다퉜다. 이 매립지는 면적이 여의도의 2.5배쯤 된다. 두 도시의 주장이 엇갈린 가운데 행정안전부가 2015년에 이 땅을 평택시 관할지로 결정했다. 이에 반발한 당진시와 아산시 그리고 충청남도가 대법원에 이 결정을 취소해 달라고 소송을 냈다. 그리고 6년이 지난 2021년 2월, 대법원이 판결을 내렸다.

이 매립지는 애초에 평택항 포승지구로 개발되었고, 현재도 평택시와 육지로 직접 이어져 있다. 반면 당진시와는 물길을 사이에 두고 떨어져 있어 당진시가 이곳을 관리하려면 따로 연륙교를 설치하여 연결해야 한다.

그건 그만두고라도 2009년에 개정된 지방자치법 제4조에 따라, 바다를 메워 새로 생긴 땅은 행정안전부 장관이 어느 시에 속할지를 결정하게 되었다. 이전처럼 해상 경계선을 기준으로 관할지를 나누는 방식은 법적 구속력이 약해졌다는 점을 대법원도 강조했다.

나는 지난 2019년 1월 '경기도 평택·당진항 포승지구 공유수면 매립지의 조속한 평택시 귀속 결정 촉구 건의안'을 대표 발의해 헌법재판소와 대법원 등에 제출하고, 이후에도 현안 브리핑 등을 통해 언론에 포승지구 매립지가 평택시의 땅인 당위성을 알리는 노력을 계속해왔다.

특히 5분 자유발언을 통해 평택시민의 터전을 지키기 위해 당시 이재명 도지사를 비롯한 경기도가 적극적으로 나서주길 주문하고, 이를 통해 경기도에 '평택항 경계분쟁 대응 TF팀' 신설을 끌어내는 등의 성과를 거뒀다.

아울러 헌법재판소와 대법원 재판부에 포승지구 매립지에 경기도 귀속의 정당성을 담은 의견서를 경기도의회 전체 의원의 서명을 받아 제출하는 등 경기도의회 차원의 노력에도 앞장섰다.

포승지구 매립지를 포함한 평택항 인근 지역은 오랫동안 평택시민이 살아온 소중한 땅이다. 어렵게 지켜낸 평택항이 수출을 통한 국가 경제의 중추가 될 수 있도록 발전 방안을 모색해왔다.

그런 노력의 결실로, 2021년 2월 4일 대법원은 평택항 신생매립지와 관련해 경기도의 손을 들어주었다. 이 판결은 평택 시민과 함께 얻은 귀중한 승리였다. 이 판결로 2015년부터 이어져 온 평택항 포승지구 매립지와 관련해 헌법재판소와 대법원에서 진행된 소송이 모두 마무리됐으며, 애초 행정안전부가 결정한 바에 따라 매립지의 약 70%는 평택시로, 나머지 약 30%는 당진시로 귀속된다.

나는 경기도 관계자들이 '또 왔다'고 핀잔할 정도로 도청을 수시로 방문하고, 평택항 매립지를 지키기 위해 관계 공직자와 전문가들을 만나 다양한 방안을 강구했다. 이런 노력이 대법원 판결로 보상을 받았지만, 행정이나 경제적 가치 등 어떤 것을 고려해도 포승지구는 경기도, 평택시와 함께할 때 가치가 올라간다.

평택시는 포승지구 매립지와 시너지 효과를 낼 배후 산업단지에 기반 시설을 운영하고 있고, 매립 지역의 청소와 제설 작업까지 하면서 효율적이고 실질적으로 지원하고 있다. 특히 경기도와 평택시는 약 1조 2,000억 원을 투자해 평택항 항만 인프라를 구축하는 등, 포승지구 매립지 운영을 위한 사전 준비와 기반 시설 등을 준비해왔다.

포승지구 매립지는 조성 단계에서부터 포승산업단지와 연계하여 동북아 무역·물류 거점, 국제 여객항만 등 지역 경제와 국가 균형 발전을 염두한 것임을 고려할 때, 경기도와 평택시에서 제 역할을 다할 수 있을 것이다.

04

사회의 그늘을 돌보는
정책 서비스와 대민 봉사활동

◆ ◆ ◆

환경오염으로 인한 기후 위기 문제는 이미 우리의 오래된 현실이다.

기후 환경 시계는 한계점에 도달하기 일보 직전이다.

기후 위기에 적극적으로 대응하고 환경권을 지키기 위한 노력은

더는 미룰 수 없는 현실적인 위협에 놓였다.

기후 위기 대응은 개별 국가를 넘어 전 세계적인 과제이지만,

그 구체적인 실천은 마을 단위의 풀뿌리 자치로부터 시작된다.

그래서 무엇보다 지방의회와 주민자치회의 상생 협력이

중요하게 되었다.

풀뿌리 민주주의를
위한 활동

● ● ●
기후위기 문제는 이미 우리의 오래된 현실

나는 2021년 풀뿌리 의정대상 우수상을 수상했다. 내가 발의하여 제정된 '경기도 아이스팩 순환 활성화 지원 조례'가 사단법인 지방자치발전소 주관의 '2021 풀뿌리 의정대상' 환경 분야 우수상에 선정된 것이다.

이번 풀뿌리 의정대상은 지방의회 30주년을 기념하여 전국 지방의원들이 지난 3년간 펼친 의정활동 우수사례를 공모하는 방식으로 실시되었다.

'경기도 아이스팩 순환 활성화 지원 조례'는 아이스팩 순환 사업 및 친환경 아이스팩 제작 권고 등의 사업 추진 내용을 조례에 담은 것이 핵심 내용이다. 이 조례 제정을 통해 시·군에 사업비 지원 근거를 마련하는 등 환경보호를 위한 실질적 조치를 마련했다는 평가를 받았다.

특히 이 조례는 최근 ESG 경영, 업사이클링 등 환경에 관한 관심과 중요성이 증대되는 상황에서 전국 광역의회 최초로 아이스팩 관련 사업을 조례로 규정했다는 점이 주목되었다.

환경오염으로 인한 기후 위기 문제는 이미 우리의 오래된 현실이다. 기후 환경 시계는 한계점에 도달하기 일보 직전이다. 기후 위기에 적극적으로 대응하고 환경권을 지키기 위한 노력은 더는 미룰 수 없는 현실적인 위협에 놓였다.

기후위기 대응은 개별 국가를 넘어 전 세계적인 과제이지만, 그 구체적인 실천은 마을 단위의 풀뿌리 자치로부터 시작된다. 그래서 무엇보다 지방의회와 주민자치회의 상생 협력이 중요해졌다.

나는 지난 2023년 7월, 한국지방의회학회 연례학술대회에 토론자로 참가해 경기도의회 의원의 관점에서 우리 주민자치회와 지방의회의 협력적 발전 방향을 논의했다. 나는 이 자리에서 지방의회와의 협력을 위한 주민자치 기반 구축 방안으로 다음 세 가지를 제안했다.

첫째, 주민 조례 발안 제의 활용을 통해 주민자치회를 중심으로 지역사회 문제 해결을 지방의회와 함께한다.
둘째, 주민자치회의 분과 조직을 소관 지역 시·군 의회 상임위원회와 같게 조직하여 행정과 소통하고 시·군 의제에 대응할 수 있도록 한다.
셋째, 지방자치법 개정을 통해 주민자치회 근거 조항을 복원 또는 별도의 주민자치법률을 만들어 지방의회와 주민자치회와의 관계를 명문화한다.

주민자치제도 설계를 새롭게 하는 방안 필요

나는 이전에도 이미 한국지방자치학회 동계학술대회 주민자치 기획 세션에 토론자로 참석하여 주민자치에 관한 의견을 개진했다. 주민자치회는 2013년 행정안전부 시범 사업으로 시작되어 2022년 9월 기준 전국 16개 시·도 및 1,244개 읍·면·동에서 시범 운영 중이지만, 여전히 시범 운영에 그치고 있는 이유는 법적 근거가 미비하기 때문이었다.

1995년 민선 지방자치 출범 이후 변화한 지방행정 환경을 고려하여 지방자치제도를 개선하고 자율과 책임이 조화된 지방자치를 구현하기 위해 지방자치 기본법인 '지방자치법'이 전부 개정되어 2022년 1월부터 시행되고 있지만, 법안 심사 과정에서 기존 주민자치위원회와의 차별성, 위원의 정치적 중립성 등 쟁점이 있어 주민자치회 근거 조항은 삭제된 채 의결된 바 있다.

법적 근거 마련은 주민들의 자발적인 참여로 운영하는 주민자치회에 공적인 동력이 되는 부분으로, 시범 사업이라는 딱지를 떼고 주민대표기구로서 역할을 확립할 수 있는 근거가 된다. 주민이 주도하는 주민자치회 운영에 필요한 근거를 마련하기 위해 지방자치법을 개정하거나 별도의 주민자치법률을 만들어 주민자치에 대한 제도 설계를 새롭게 하는 방안이 필요하다.

주민자치회 관련 법령이 미비하여 본격 실시에 어려움을 겪는 지자체가 대다수인 상황에서 수원시는 성공적으로 주민자치위원회를 해체하고 주민자치회로 재탄생시켜 44개의 주민자치회 구성을 완료했다. 이런 수원시의 주민자치 활성화 노력이 전국으로 확대되어 풀뿌리 민주주의의 초석이 되기를 바란다.

또 세종시 및 대전 유성구 사례를 참고하여 특별회계를 설치하는 등 주민자치회 운영을 위한 재정 확보가 특히 중요하며, 수익과 비용을 고려한 통합 재정 운용 방향을 모색할 필요가 있다.

경기도 풀뿌리 활동의 중요한 거점, 행복마을관리소

경기도 풀뿌리 활동의 중요한 거점으로 경기 행복마을관리소가 있다. 행복마을관리소는 구도심 등 주거취약지역에 설치돼 지역 주민 복지 증진, 안전 관리, 생활 편의 제공, 문화·생활 지원, 공공 일자리 창출 등의 역할을 하는 지역밀착형 복지시설이다. 나는 지난 2023년 4월, 경기도청에서 열린 '경기 행복마을관리소 전문가 정담회'를 통해 해당 사업의 현황을 점검하고 발전 방안을 제안했다.

경기 행복마을관리소 사업은 원도심 등 주거취약지역 주민의 생활 불편 해소, 삶의 질 향상을 위한 생활밀착형 공공서비스 제공, 공공 일자리 창출 등의 목적으로 2018년 시작한 이후 주민 활동 거점 기반으로 기능하고 있지만, 막대한 예산 투입 대비 효율성이 저조하여 운영 지침 개선 및 기능 재정립이 필요한 시점이었다.

행복마을관리소가 주민이 지역에서 필요한 정책을 직접 발굴하고 민간과 관련 기관 등 지역사회 주체와 협업하여 주민자치와 복지를 실현한다는 사업 목적에 걸맞게 운영되려면 개선할 점이 대략 세 가지로 요약된다.

첫째, 현재 경기 행복마을관리소는 복지 등 유사 사업이 타 단체 사업과 다수 중첩되어 있어 행복마을관리소만의 고유 업무를 발굴해야 하며, 이를 위해 해당 지역 차별화 및 수혜자·수혜 지역 구체화를 통해 특화사업을 발굴할 필요가 있다.

둘째, 행복마을관리소 운영 방식 및 인력 채용 조건을 개선해야 한다. 현재 행복마을관리소의 시·군 운영 방식에서 마을 공동체, 사회 경제원, 주민자치회 등 민간 위탁 방식으로 전환하고 저소득층·고령자를 우선 채용하거나 지역을 잘 아는 마을 활동가와 지역 주민 등으로 채용할 필요가 있다.

셋째, 행복마을관리소 운영으로 지역 내 독거노인 및 주민들 만족도가 매우 높은 만큼 가정에 계신 어르신이 참여할 수 있는 다양한 프로그램을 개발이 요청되고, 마을공동체와 지역 내 관련 기관·단체의 자원 연계 방안을 모색해 관리소 지역의 활동 공동체와 네트워크를 구축할 필요가 있다.

의료 복지 현안
해결을 위한 활동

기대수명이 늘어나면서 100세 시대를 눈앞에 둔 지금, 노령 인구의 증가로 의료 복지의 역할이 갈수록 중요해졌다.

치매 예방과 치료에 효과적인 복지정책 발굴

지난 2024년 7월, 내가 회장을 맡은 경기도의회 의원 연구단체 경기도치매복지정책연구회는 '경기도 치매 노인의 치료시스템 정책 방안 연구' 용역에 대한 최종보고회를 열고 연구 결과를 공유했다.

최근 노인 인구 증가로 인한 치매 문제가 심각성을 더해가는 가운데, 이에 대한 대비책이 부족한 치매 관리 지원체계를 강화하고 정착시키는 것이 시급한 과제가 되었다. 이에 지속적인 치매 관련 연구를 통한 치매 환자와 가족, 치매 관계기관 종사자까지 삶의 질을 향상해야 한다. 그러자면 지자체와 정부가 협력하여 효율적인 정책을 마련해야 한다.

이번 연구는 치매 예방과 치료에 효과적인 복지정책을 발굴하기 위해 현장 집중 인터뷰와 65세 이상의 노인을 대상으로 200명에 달하는 모바일 설문을 시행해 다양한 데이터를 분석하고 최적의 정책 방안을 도출하기 위한 목적으로 진행되었다. 나는 지역 보건 관련 부처가 치매의 조기 발견과 치료를 통해 치매의 진행을 지연시키거나 완화하는 데 이번 연구 결과를 정책과 사업으로 반영하도록 요청했다.

  나는 또 이어서 '경기도 치매노인복지 지원 방안'을 주제로 진행한 TV 프로그램에서 정부의 '치매국가책임제' 발표 이후의 현황을 비롯해 정부와 경기도의 치매 관련 정책을 살펴보고 치매 이슈를 점검하는 시간을 가졌다.

  경기도가 타 광역시도보다 많은 46개의 치매안심센터를 운영하고 있지만, 치매 노인의 수가 늘어나는 상황에서 치매안심센터의 부족한 인력 문제를 지적하고, 애초 보건복지부에 낸 기준 인력 1,180명 대비 채용률은 73%에 그친 데다가 기준 인력마저도 초기에 낸 자료이므로 이를 현실화하고 전문 인력 충원 및 고용 안정화를 추진하도록 촉구했다.

이런 현실에서 치매의 예방과 조기 발견의 중요성이 커지는 가운데 치매 예방 교

실이나 인지 강화 교실 등을 운영하고 있지만, 경기도 내 60세 이상 노인의 수혜율은 4.56%에 머물러 있어 수혜율을 높이기 위한 사업의 확대가 필요하다.

경기도는 부양 부담 감소를 위해 낮 시각에 경중 치매 환자를 보호하는 '치매 환자 쉼터 사업'과 돌봄 사각지대에 있는 치매 환자를 위해서 '치매 환자 맞춤형 사례 관리' 등 치매 환자와 가족, 치매 관련 종사자 등에 대한 다양한 사업을 진행하고 있다. 치매안심센터는 치매 조기 발견을 지원하고 치매 환자를 등록·관리하는 등의 역할을 한다.

치매는 노인들이 가장 두려워하는 질병 1위로, 앞으로 인구 노령화에 따른 노인 치매 환자는 더욱 늘어날 전망이다. 중앙치매센터의 통계자료에 따르면 경기도의 추정 치매 환자 수는 21만여 명으로 추정 치매 유병률은 6.92%에 이른다.

치매는 조기 발견하여 치료가 이루어진다면 속도를 지연시키거나 완화할 수 있으므로 나는 경기도 치매복지정책연구회 활동을 통해 치매 조기 발견을 위한 진단과 치료시스템 활성화 방안을 마련하는 데 진력하고 있다.

비용 때문에 감염병 예방률이 떨어지는 건 문제

나는 지난 2021년 1월, '경기도 대상포진 예방접종 지원에 관한 조례안'을 대표 발의했다. 이 조례안으로 경기도 거주 만 60세 이상 기초생활 보장 수급자에게 대상포진 예방접종 비용을 지원할 수 있는 근거를 마련했다.

대상포진은 급성 및 만성 신경통을 유발하는 질병으로 국가에서는 60세 이상 국민에게 예방접종을 권고하고 있지만, 비급여 항목이기 때문에 접종받는 사람이 높은 의료비를 전액 부담해야 하는 상황이다.

감염병 비상대책단에서 활동

대상포진이 생명을 직접 위협하는 질환은 아니지만, 신경통 등 합병증으로 삶의 질을 저하시키고 사회경제적으로 상담한 부담을 유발한다. 예방접종 시 최대 70% 예방 효과가 있고, 확진 후 신경통을 65%나 줄일 수 있는데도 비싼 접종비 때문에 접종률이 떨어지는 건 문제가 있다.

특히 감염에 취약한 만 60세 이상 취약계층 어르신들의 경제적 부담 완화와 건강 보호를 위하여 조례를 제안하게 된 것이다. 조례 제정 이후에도 시군과 협력을 통해 원활하게 사업을 추진하여 도민의 건강권 확보에 노력해오고 있다.

[현안 인터뷰]

사랑방 손님 같은 도민과 만남, 의정활동의 중심축

서현옥 경기도의원은 '지역 상담소에서 만나는 도민들이 의정활동의 중심축'이라고 강조한다. 경기도 평택지역 도민들의 사랑방으로 자리매김한 경기도의회 평택상담소를 찾아 민원인의 방문을 준비 중인 서현옥 경기도의원과 만나 지역 내 활동과 최근 근황을 알아본다. [편집자 주]

- [한스 초대석] 2021년 10월 20일 07:21:00
- 진행: 한스 경제 = (평택) 김두일 기자
- 인터뷰: 서현옥(더불어민주당·평택3) 경기도의원

[김두일] 현재 경기도의회 내에서 맡고 계신 부분을 소개해 주십시오.
[서현옥] 2018년 도의원 당선 후 4년 차에 들어가고 있는데요. 처음 시작도 경기도의회 안전행정위원회였고, 지금도 안전행정위원회 소속으로 활동하고 있습니다. 도민의 안전과 경기도의 효율적인 재정 운용, 행정력 강화를 위해서 노력하고 있고, 3개월이 지난 자치경찰제를 통해 치안력 강화, 안전한 경기도를 만들기 위해 노력하고 있습니다. 지금은 운영위원회와 더불어민주당 대표단에서 기획 수석부대표를 맡고 있는데, 경기도의회 운영위원회는 의회의 안살림을 맡아 하는 곳입니다.
[김두일] 첫 도의회 활동 이후 8부 능선을 넘었습니다. 남은 기간 역점을

두고자 하는 부분은 무엇인지요?

[서현옥] 제가 도의원에 당선되면서 평택 시민과 경기도민께 약속한 공약이 있습니다. 그 공약을 아직 완수하지 못한 부분이 있어서 남은 임기 동안 밀린 공약을 이행하기 위해 최선을 다할 겁니다. 특히 노인 복지, 환경, 도민의 안전, 청소년 복지에 대해서 매우 큰 관심을 가졌는데, 남은 임기 동안 남은 공약들과 도민의 행복, 삶의 질 개선 등이 최대한 노력할 부분이라고 생각합니다.

[김두일] 최근 대상포진 관련 조례를 대표 발의하셨는데, 의미와 배경을 간단히 설명하신다면요?

[서현옥] 어제 본회의에서 통과됐어요. 대상포진은 신경통 같은 합병증을 유발하고, 나이에 상관없이 발병하는데, 50대부터 발병률이 높아집니다. 대상포진은 면역력이 약한 고령층에서 많이 발생하므로 국가에서는 60세 이상에게 예방접종을 권하지만, 취약계층은 16만 원의 비싼 예방 접종비가 부담됩니다. 그래서 만 60세 이상 취약계층 어르신에게 예방 접종비를 지원하는 조례안을 낸 겁니다.

[김두일] 평택을 지역구로 둔 도의원으로서 지역을 위한 활동은 어떻게 해 왔습니까?

[서현옥] 제가 평택의 도의원으로 활동을 개시한 시점은 평택항 포승지구 매립지 관할 분쟁이 대두되는 시기였습니다. 당시 열심히 발로 뛰었죠. 경기도 평택항 포승지구 공유수면 매립지의 조속한 평택시 귀속 결정을 촉구하는 건의안도 제가 대표 발의해서 142명의 의원 전원의 서명을 받아 국회, 대법원장, 국회의장, 국무총리, 행안부 장관에게 전달했습니다. 제가 줄기차게 알린 끝에 경기도의원님들도 많은 관심을 두게 되

어 경기도에서 TF를 꾸려 법적 대응을 하게 되었습니다. 그 결과 평택시가 승소했죠.

[김두일] 경기도 의정과 평택시 행정을 지원하기 위한 구상을 말씀해 주십시오.

[서현옥] 경기도에 거주하는 청년들을 위한 기숙사가 필요하다는 걸 절실히 느꼈습니다. 기숙사 설립에 예산이 문제가 되는데, 경기도 예산으로도 충분히 청년기숙사를 건립할 수 있다고 봅니다. 또 하천문화연구회 위원으로서 지역 내 평택호 수질 개선에도 관심이 큽니다. 삼성전자가 2030년이면 완공되는데, 지금도 벌써 10만 톤의 용수가 방류됩니다. 완공 이후로는 34만 톤의 방류가 예상되는데, 그게 고스란히 평택호로 유입될 수 있습니다. 그 물로 농민들이 농사를 짓고 이를 평택 시민들이 먹는데 건강에도 문제가 될 소지가 커서 앞으로도 용수 방류 문제에 대해 계속 관심을 가지고 주시할 겁니다. 또 평택시에는 여학생 청소년 쉼터는 있지만, 남학생 청소년 쉼터가 없어서 새벽이나 늦은 시간에 남학생들이 가출하면 용인이나 다른 시로 가야 하는 문제가 있습니다. 그 새벽에 청소년들이 갈 곳이 없어 탈선 위험이 더 커지고 있죠. 시의원으로 의정활동을 할 때도 그 부분에 관심이 컸는데, 도의원으로 앞으로 남은 임기 동안 청소년 쉼터 건립을 위해 더욱 노력할 생각입니다.

지역 교통 및 주거 현안
해결을 위한 잰걸음

특별조정교부금에 관하여

 지방정부 재정에 특별조정교부금이란 게 있다. 중앙정부는 특별한 사유 발생에 대비하여 정부 비상금을 마련해두었다가 특정 지역에서 예기치 못한 재정 수요가 발생하거나 재정 수입이 감소한 경우에 특별히 추가로 예산을 지급한다. 중앙정부가 지방 재정의 지역 간 균형을 이루기 위해 지자체에 주는 지방 재정 교부금의 하나다.

 지난 2023년 내가 경기도에 건의한 소사벌 카페거리 도로 정비 사업으로 특별조정교부금 6억 원이 배분되었다. 도로 정비 사업이 진행되는 소사벌 택지지구 내 카페거리는 다수가 이용하는 도로로 택지 조성 이후 각종 건축에 따른 굴착 부분 및 차량 통행량이 많아 도로 파손이 심한 구간을 정비한다. 소사벌 카페거리는 코로나로 어려운 상황을 겪으면서도 꾸준히 방문객을 유지한 활성화된 상권이다.

진짜로 청년을 위한 정책

다들 '청년이 나라의 미래'라면서 '청년, 청년' 하고 말은 많지만, 정작 청년이 무슨 생각을 하고 무엇을 필요로 하는지는 알지 못할뿐더러 관심도 없다.

우리 청년들이 그 어느 때보다 어려움을 겪고 있다. 특히 주거와 일자리는 청년들의 미래와 희망에 직결된 문제인데, 현실은 그다지 희망적이지 못하다.

나는 지난 2023년 11월, 경기도 사회적경제국·노동국·사회적경제원의 2023년 행정감사에서 사회적경제국 청년기회과에 청년들의 불안한 주거 문제와 일자리 부족 문제에 대한 해결책 마련을 건의했다.

나는 경기도 청년들이 일자리를 찾아 서울로 떠나지만, 불안정한 주거 여건 때문에 다시 지방으로 돌아온다는 것에 주목한 것이다. 사회 초년생들이 월세나 전세 부담을 낮추려고 주소지를 옮겨야 하는 문제, 전세 사기 등에 노출될 위험도 지적했다. 이러한 문제점 도출을 통해 청년에게 주어져야 할 진정한 기회는 바로 주거와 일자리라는 점을 강조하며 경기도가 적극적으로 청년 주거정책 마련에 나설 것을 촉구했다.

나는 주소 이탈로 인한 청약 및 청년을 위한 지자체 혜택에 거주기간 기준을 맞추지 못하는 점 등의 문제를 지적하고 청년들의 지역 이탈을 막고 주거 안정을 위한 정책을 마련하기 위해 일자리를 찾아 서울로 가는 청년들에게 경기도 차원의 청년기숙사를 지원하는 방안을 제안했다.

나는 도정 질문을 통해 구체적으로는 청년 주거 예산이 경기도 총예산 대비 약 0.1%에도 미치지 못하는 문제, 기숙사 공급이 수요에 턱없이 부족한 문제 등을 지적했다. 이러한 문제 해결을 위해 서울에 있는 모텔이나 호텔을 매입해 청년기숙사로 제공하는 등의 방안을 제안하기도 했다.

나는 이미 이전에 본회의에서 자유 발언을 통해 '경기도 청년들의 주거권 실현을 위한 제언'을 제시하고 서면으로 제출한 바 있다.

주요 내용은 경기도 관할 3개 기숙사(경기푸른미래관, 송파학사, 경기도기숙사)를 2개 부서(자치행정국, 평생교육국)에서 나누어 관리하고 있어 홍보 부족, 경쟁률 격차 심각 등의 문제가 발생하는 만큼 관리 부서를 하나로 통합하여 기숙사 운영의 효율성을 높이고 여분의 자리에 대학생이 아닌 청년들이 입주할 수 있도록 '청년쿼터' 신설을 요청한 것이다.

또 현재 운영 중인 기숙사만으로는 서울에서 활동하는 경기도 청년들의 주거권 확보에 한계가 있으므로 31개 시·군과 힘을 모아 새로운 기숙사(가칭 '경기도 연합기숙사')를 건립하자는 내용도 함께 제안하였다.

우리가 청년이던 시절에 비해 요즘 청년 세대들의 주거환경은 살기 위한 투쟁에 가깝다. 그런 가운데 경기도의 청년 주거 여건 개선 노력이 다른 지자체보다 부족한 현실이다.

청년들의 실태를 조사한 결과 첫째는 주거 안정, 둘째는 일자리를 우선순위로 선택했다. 청년들을 위한 주거정책과 일자리 정책은 청년들이 기본적인 삶을 유지하고 사회활동을 하는 데 중요한 부분이다. 청년들이 안정적인 주거와 적합한 일자리를 갖게 되면 사회와 경제 발전에 긍정적인 영향을 미칠 것이다.

[현안 인터뷰]

경기 청년의 주거 안정, 기숙사가 해법이 될 수 있나?

"설문에서도 나타나듯이 주거 안정과 일자리가 청년들의 현실 문제에서 늘 우선순위입니다. 주거와 일자리에 대한 적극적인 기회 제공은 심리적인 안정과 연결이 되고, 그러 여유로움이 결혼이나 출산까지 이어질 수 있는 등 긍정적인 영향이 클 거예요. 또 멀리 본다면 이게 사회 전체에 미칠 영향이 대단할 겁니다."

- 방송: 경인방송 라디오 〈박성용의 시선 공감〉 FM90.7
    (2023. 12. 06. 18:00~20:00)
- 진행: 박성용
- 인터뷰: 서현옥(더불어민주당 · 평택3) 경기도의원 & 김채린 취재 MC

[박성용] 경기도 내 핫이슈를 활짝 열어놓고 시민들의 의견, 의회의 해법 들어보는 시간, 의정 언박싱입니다. 매주 수요일 이 시간에 경기도의원과 함께하고 있는데요. 오늘 함께할 분은 서현옥 경기도의원입니다. 어서 오세요.

[서현옥] 안녕하세요.

[박성용] 오랜만에 모셨습니다.

[서현옥] 네. 정말 한 1년 만에 온 거 같습니다.

[박성용] 그리고 오늘도 김채린 취재MC 스튜디오에 자리했습니다. 어

서 오세요.

[김채린] 안녕하세요.

[박성용] 오랜만에 오셨으니까, 청취자 여러분께 인사 말씀 부탁드리겠습니다.

[서현옥] 반갑습니다. 오랜만에 왔는데요. 저는 경기도의회 평택 출신의 도의원 서현옥이고요. 우리 의정 언박싱 청취자 여러분, 오랜만에 뵙는데 연말이라 바쁜 일정 속에서도 청취해주심에 감사드립니다. 반갑습니다.

[박성용] 저는 연말 바쁜 일정에도 불구하고 출연해주셔서 감사하다는 말씀드리고. 오늘 주제가 '경기도 청년의 주거 안정, 기숙사가 해법이 될 수 있나?' 인데요. 먼저 김채린 씨, 최근에 청년들이 주거 취약계층으로 떠오른 게 일반적인 이야기 같아요.

[김채린] 네. 취업난과 부동산 가격 상승으로 청년들이 새롭게 주거 취약계층이 되었다는 이야기가 워낙 많이 들리고 있잖아요. 그런데 원래는 이 주거 취약계층이 노인, 저소득층, 장애인, 소수민족 출신자 등으로 그 범위가 굉장히 좁았습니다. 그런데 이런 상태에서 최근 들어서 청년들도 주거 취약계층이라는 말이 보편화해서 받아들여지고 있는 건데요. 이제는 대학생부터 시작해서, 취업 준비생, 취업한 뒤에는 사회 초년생, 신혼부부까지 다양한 상황에 놓인 모든 청년에게 알맞은 해결책이 절실한 때라고 볼 수 있습니다. 오늘은 경기도 청년들의 안정적인 주거를 확보하기 위한 노력과 또 현재 상황에 대해서 짚어보겠습니다.

[박성용] 말씀하신 대로 최근에 취업난, 또 부동산 가격이 워낙 많이 올라서 또 이런 문제들 때문에 우리 청년들조차도 주거가 불안정한 상황이 생기는 건데, 사실 취업 준비 청년이나 사회 초년생들이 일자리를 찾

아서 수도권으로 떠나는 경우는 어제 오늘 문제는 아니지 않습니까? 요즘 상황은 어떻습니까?

[서현옥] 네. 국토연구원이 청년 1,000명을 대상으로 설문한 결과를 보니까, 20대의 64%가 수도권 이주를 선호한 것으로 나타났거든요. 또 양질의 일자리가 가장 큰 이슈였어요. 경기도는 수도권이라고 해도 지역 격차가 매우 큰 편이고 또 일자리 창출을 위해서 기업을 유치하는 데는 시간이 걸리는데, 그 사이에 일자리를 찾아 서울로 가는 청년들은 꾸준히 늘고 있어요. 양질의 일자리를 찾아서 지역을 떠난다고 보면 될 것 같습니다.

[박성용] 이렇게 일자리를 찾아서 서울로 떠나는 사회 초년생들, 어려움이 많겠죠. 가장 힘든 점은 아마 주거 비용 부담이 아닐까 싶어요.

[서현옥] 그렇다고 볼 수 있죠. 사실 서울은 집값만 비싼 게 아니죠. 생활물가도 도쿄나 뉴욕보다 높다고 해요. 흔히 말하는 장바구니 물가가 뉴욕의 1.5배나 된다니 놀랍죠. 한 달에 200~300만 원 정도 버는 사회 초년생들에게는 70~80만 원의 월세에다 관리비, 이자 등까지 더한 고정비용에다 생활비를 지출하고 나면 돈을 저축해서 미래를 설계하기 불가능한 상황이 되어버린 거죠. 또 서울에 사는 청년들의 경우, 대학과 취업 등의 이유로서 타지에서 서울로 온 경우가 많은데요. 서울 1인 청년 가구의 주거 빈곤율이 37.2%로 전국 1인 청년 가구의 빈곤율보다 월등히 높게 나타났고요. 게다가 소득의 37% 이상을 주거비로 사용한다고 해요.

[박성용] 이게 비단 경기도만의 문제는 아닐 겁니다. 서 의원님, 다른 지역들은 어떻고, 어떻게 대처하고 있는지도 궁금해요.

[서현옥] 사실 가장 많은 청년이 거주하는 서울시도 청년층의 이탈을 방지하기 위해서 노력하고 있는데요. 또 월세 등을 또 소득 기준에 따라서 지급하는 등 주거 안정화 정책을 채택하고 있는데, 전·월세 지원은 단기적인 정책일 뿐이고, 근본적인 해결책이 되지는 못한다는 거죠. 주거 안정 때문에 서울을 벗어난다는 통계를 보면 알 수 있거든요.

[박성용] 그러네요. 알겠습니다. 이런 대응 차원이겠죠. 경기도에서는 직할로 운영하는 기숙사가 있습니다. 이야기 좀 해주시면 좋겠고, 또 개선이 필요한 부분도 있다면 의견 주시면 좋겠습니다.

[서현옥] 경기도에서 운영하는 기숙사는 경기푸른미래관, 수원에 경기도기숙사, 경기도송파학사가 있는데요. 경기푸른미래관은 입주자 기준이 대학에 재학 중인 학생으로 국한되어 있는 데다가 학생들만으로도 경쟁률이 높아서 입주가 굉장히 어려운 실정인데요. 우리 경기도 수원의 경기도기숙사는 대학생이 아닌 청년 취업자도 함께 입주할 수 있는 기준이 마련되어 있어요. 근데 물론 어려운 상황에서 학생들에게 우선 혜택이 돌아가야 한다는 주장은 일부 이해하지만, 이런 입소 기준이 또래 청년들에게는 당연히 차별적 지원이고, 또 원거리 출퇴근하는 우리 청년들에게는 일정 부분 같은 혜택을 줘야 한다고 생각해요.

[박성용] 그래서겠죠. 경기도 직할 기숙사의 경쟁률이 굉장히 심하다고 들었습니다. 김채린 씨, 관련 통계자료가 있다면서요?

[김채린] 네, 경쟁률이 어마어마합니다. 경기도의회 안전 행정 전문위원실에서 제공한 경기도 직할 기숙사 3개의 입주 경쟁률을 살펴봤는데요. 실제로 2018년부터 2020년까지 3개 연도 모두 경기푸른미래관만 압도적으로 높은 경쟁률을 기록했음을 확인할 수 있었습니다. 조사 기간 경

기푸른미래관의 경우, 최소 6.4대 1의 경쟁률이었고요. 또 최대 9.6대 1, 거의 10대 1의 경쟁률까지 기록했습니다. 반면에 경기도기숙사와 경기도송파학사는 모두 평균 2대 1 내외의 경쟁률을 기록하면서, 큰 격차를 보였습니다. 그래서 실제로 경기도 직할 기숙사에 지원했던 사회 초년생을 현장에서 만나 이야기 나눠봤는데요. 충족해야 할 조건이 매우 까다롭기도 하고, 그러다 보니 대학에 다니던 시절에도 입주가 쉽지 않았다는 이야기를 해주셨고요. 또 취업한 뒤에는 더욱더 입주가 어려워졌다는 겁니다. 함께 들어보시죠.

[인터뷰 _익명(20대 사회 초년생)]

Q. 경기도 직할 기숙사에 대해 느끼는 아쉬움이 있으시다고요?
A. 제가 경기도에 살고 있긴 하지만 학교랑도 멀고, 직장이랑도 거리가 있어서 꾸준히 경기도 직할 기숙사에 관심을 가져왔는데요. 사실 말로만 청년들을 위한 기숙사지 대학생 때나 취업 후에나 경쟁률도 높고, 조건도 너무 까다로워서 입사하기가 쉽지 않은 게 현실입니다. 또, 같은 나이의 동갑 친구들끼리도 똑같이 먼 거리를 오고 가야 하는데 누구는 대학생이라서 가능하고, 누구는 취업해서 안 되고 하는 부분도 불평등한 것 같습니다.

[박성용] 물론 가장 바람직한 거야 모든 분이 이용하면 참 좋은데, 어찌 됐건 이런 지금 의견 들었는데 직할 기숙사의 형평성과 비효율 문제를 해결하기 위해서 경기도가 어떤 노력을 할 수 있을까요?

[서현옥] 네. 우선 청년 쿼터제를 도입해서 원거리 직장을 다니는 청년들에게 어떤 할당제를 적용해서 입주 기회를 주고. 둘째로는 도시주택실과 청년기획과로 분산된 청년 주거에 관한 정책이나 사업 관리를 하나로 통합해서 운영의 효율성을 높여야 한다고 생각하고요. 또 31개 시·군과 힘을 모아서 경기도연합기숙사 건립을 진행할 수 있을 것 같거든요.

[박성용] 연합기숙사 건립이요? 최근에 경기도에서 운영하는 기숙사의 통합 관리, 청년기숙사 신축에 대해서는 집행부에 요구하신 적이 있으시다고요? 실현 가능성은 어떻습니까?

[서현옥] 제가 경기도의회 10대 안행위에 활동하면서 5분 발언을 통해서, 푸른미래관과 경기도기숙사에 학생이 아닌 청년에게도 입주 기회를 줘야 한다고 계속하여 제안했고, 경제노동위원회의 사회적경제국 행정사무 감사에서도, 또 2024년도 본예산 심의 과정에서도 청년기획과에 제가 이제 청년기숙사 필요성을 강력하게 언급한 바가 있습니다. 또 실현 가능성에 대해서는 말씀드리자면, 예를 들어 평택시에서 장학관을 건립하는데 서울 소재 호텔을 매입 후 개조하여 기숙사로 사용하고 있거든요. 경기도는 평택시보다 훨씬 큰 광역 지자체잖아요. 충분히 가능하죠.

[박성용] 이 부분은 관련 부서와 사전에 논의해야 할 부분이 많을 것 같아요. 현재 진행 상황은 어느 정도일까요?

[서현옥] 경기도의 기숙사 지원사업은 현재까지는 경제노동위원회 소속 실국 사업에는 없어요. 그렇지만, 청년기획과와 충분히 청년기숙사에 관한 의견을 나누고 있고, 이제 기초단체의 논의가 진행 중이긴 하는데요. 가시화까지는 시간이 좀 걸릴 것 같기는 합니다. 그러나 청년기획과가 청년 기본 조례를 다루고 있고, 또 청년 정책의 큰 틀을 잡고 이끌어

가야 한다고 보고 있어요. 청년에게 주어질 진정한 기회라는 점에서 깊은 논의가 필요하다고 보고요. 현재 청년기숙사에 대한 부분은 청년기획과와 계속 논의하고 있습니다.

[박성용] 청년의 주거 안정이 장기적으로는 사회 전체에도 좋은 영향을 미치지 않겠습니까? 어떻게 보십니까?

[서현옥] 그럼요. 설문에서도 나타나듯이 주거 안정과 일자리가 청년들의 현실 문제에서 늘 우선순위입니다. 주거와 일자리에 대한 적극적인 기회 제공은 심리적인 안정과 연결이 되고, 그러 여유로움이 결혼이나 출산까지 이어질 수 있는 등 긍정적인 영향이 클 거예요. 또 멀리 본다면 이게 사회 전체에 미칠 영향이 대단할 겁니다.

[박성용] 그렇죠. 김채린 씨, 이와 관련하여 취업 준비생과 이야기 나눠 보셨다고요.

[김채린] 취업 준비생 대상으로 주거 안정성과 일자리의 우선순위를 물어봤습니다. 서울에 살면 비용 부담이 크다는 점을 들어서, 주거 안정성이 보장되는 곳 근처에 일자리를 구할 생각도 있다, 이런 의견도 꽤 많았는데요. 함께 들어보시죠.

[인터뷰 _익명(취업 준비생)]

Q. 주거 안정성과 일자리 중 어떤 것이 우선순위라고 생각하시나요?

A. 주거 안정성이 중요합니다. 안정적으로 정착할 주거환경이 보장된다면, 일자리도 그에 맞춰 고려해볼 의향이 있습니다. 요즘 서울에 취업한다고 하면 그만큼 주거에 나가는 비용 부담이 더 커서, 오히려 주거 안정

성을 더 생각하게 되는 것 같습니다.

[박성용] 모신 김에 다른 얘기도 좀 해보죠. 서 의원님, 최근에 경기도가 악성 민원을 포함해서 민원율 전국 1위를 차지한 안타까운 상황이 있었더라고요. 그래서 블랙컨슈머 문제에도 최근에 관심을 기울이고 계신다면서요?

[서현옥] 네. 소비자의 날을 기념해서 토론회가 있었어요. 소비자연합회에서 우리 선량한 소상공인들을 블랙컨슈머로부터 보호할 좋은 방안을 마련하자는 취지의 토론회죠. 거기에 함께 출연해서 잘 소통하고 의미 있게 잘 마쳤습니다.

[박성용] 네 알겠습니다. 오늘 의정 언박싱은 '경기도 청년의 주거 안정 기숙사가 해법이 될 수 있나?' 라는 주제로 얘기하고 있는데요. 끝으로 오늘 주제 관련해서 제언 한 말씀 부탁드리겠습니다.

[서현옥] 오늘 이야기의 주제는 사회 진출 청년들에게 부담 없이 사회에 첫발을 내딛는 기회를 줘야 한다는 것입니다. 일할 의지가 있고, 자신의 삶을 개척하기 위해 열심히 살아가는 청년들에게 좀 더 실효성 있는 기회가 주어져야 한다는 거죠. 당장 공간의 이동을 줄일 수 있는 정책을 개발하고 실행해야 하지만, 이는 시간이 좀 걸리는 문제입니다. 직장과 주거지가 한 지역에 있는 게 가장 좋기는 하지만, 현실적인 문제로 일자리를 찾아 서울이나 타지로 가야 하는 상황이 생기는 겁니다. 청년들이 직장이 있는 그곳에서 안정적으로 둥지를 틀 수 있도록 도와주는 방향으로 정책이 만들어져야 합니다. 청년기숙사가 그 기회를 한발 가깝게 해줄 수 있는 것으로 생각합니다.

[박성용] 알겠습니다. 청년기숙사, 앞으로 좀 더 지켜보겠습니다. 오늘 의정 언박싱 '경기도 청년의 주거 안정, 기숙사가 해법이 될 수 있나?' 라는 주제로 이야기 나눠봤습니다. 두 분 말씀 여기까지 듣겠습니다. 고맙습니다.

[서현옥] 고맙습니다.

[김채린] 고맙습니다.

[박성용] 지금까지 서현옥 경기도의원, 김채린 취재 MC 그리고 박성용이었습니다.

사회적 돌봄의
국가 책임을 위한 방안 강구

사회적 돌봄이 더욱 중요한 사회적 과제

맞벌이 부부가 대세인 상황에서 어린이 보육 수요가 증대하고 초고령사회가 되면서 사회적 돌봄이 더욱 중요한 사회적 과제가 되었다. 그래서 나는 일찍이 사회적 어린이 돌봄에 관심을 두고 바람직한 방안 마련을 위해 고심해왔다.

지난 2021년 8월에 내가 경기도의회 '사회적 어린이 돌봄 연구회' 회장으로서 개최한 '사회적 어린이 돌봄 연구회 중간 보고회 및 세미나'도 그런 작업의 하나다. 이 세미나는 정책연구용역 중간보고서에서 지적된 경기도 초등학생 돌봄 서비스의 현황과 문제점을 파악하고, 효과적인 운영 방안과 중앙통합관리 시스템 구축의 필요성을 논의하기 위해 마련된 것이다.

전문가에 따르면 현재 어린이 돌봄 서비스 체계에서 사각지대가 발생하여 돌봄 공백이 심각하다. 이를 위한 경기도 아동 돌봄 지원을 체계적으로 관리하는 통합지원센터 구축이 필요하다.

지역별 특성에 맞는 아동 돌봄 서비스도 중요하지만, 보편성과 일관성이 있는 돌봄 정책 추진이 필요하다. 이번 연구는 경기도 통합 돌봄 지원체계 구축 방안을 마련하는 계기가 되었다.

어린이 돌봄은 우리 사회가 반드시 책임져야 할 매우 중요한 책무이므로 기존 돌봄 체계의 장단점을 잘 분석해 장점은 키우고 단점은 보완하는 방향으로 나가야 한다.

경기도에서도 돌봄 서비스 제공을 확충하기 위해 노력하지만, 아직 부족하다. 제대로 된 시스템 구축을 통해 더 나은 돌봄 체계를 마련할 필요가 있다.

양질의 돌봄을 위해서는 이에 맞는 프로그램 개발과 운영이 필수다. 현장에서 느끼는 문제점을 중심으로 체계를 개선할 필요가 있으며, 분절된 보육 시스템 문제는 10여 년 전부터 지적된 사항으로 통합보육시스템 구축이 절실하다.

'사회적 어린이 돌봄 연구회'는 경기도의회 의원들로 구성된 연구단체로, 경기도 내 어린이 돌봄 정책 실태와 현황을 분석하고, 국내외 선진 사례 연구를 통해 경기도 어린이 돌봄 정책 방안을 제시하기 위해 설립됐다.

돌봄 시스템의 현실적 개선 방안

　나는 연구를 통해 도출된 돌봄 체계 개선을 실현하기 위해 지난 2022년 11월, 경기도의회 경제노동위원회 회의실에서 진행된 소통협치국 소관 2023년 예산안과 기금운용계획안 심의에서 경기도형 아동돌봄공동체 사업의 기능 중복과 통합 운영의 필요성을 제기했다.

　경기도형 아동돌봄공동체 조성 사업은 주민 주도의 공동육아와 보육 등 아동 대상 돌봄으로 돌봄 사각지대를 보완하고 마을이 함께 아이를 키우는 돌봄 문화 조성을 위한 공모사업이다.

　우리나라 합계출산율은 단연 세계 최저 수준이다. 저출산의 원인으로 경제적 부담, 일과 가정 양립의 어려움, 양육과 돌봄 문제 등 다양하게 거론되는데 그중 부모가 아이를 안심하고 마음 편히 맡길 수 있는 사회환경과 공적 돌봄 서비스가 부족하다. 저출산 대응과 공적 돌봄의 필요성으로 경기도는 주민공동체가 공동육아와 보육을 하는 경기도형 아동돌봄공동체 조성 공모사업을 시행하지만, 공모 후 관리가 제대로 되지 않아 돌봄 사업을 추진하는 공동체의 참여가 저조하고 운영의 어려움을 겪고 있다.

　또 해당 사업은 여성가족부 아동 돌봄 서비스와 돌봄 공동체 지원사업, 사회서비스원 다함께돌봄센터와 기능이나 역할이 유사하거나 중복되는 면이 있다. 아이돌봄공동체 조성사업의 재정립과 조정이 필요한 이유다. 도내 돌봄의 컨트롤타워 역할과 기능을 하는 '경기도 돌봄지원중앙센터' 설립으로 체계적 관리가 필요하다. 여러 부서에 중복되거나 유사한 사업이 있어 이를 통합 운영해서 돌봄의 효과를 높여야 한다.

미래세대 주역인 아이들을 마을이 함께 키우는 돌봄 문화 조성에 동감한다. 지금은 부모가 안심하고 아이를 키울 수 있도록 돌봄 서비스의 양적·질적 향상과 공적 돌봄 서비스에 대한 과감한 지원이 필요한 시대로 공공의 책임성이 강조된다.

진정한 장애인 돌봄은 일상생활을 열어주는 것

나는 2022년 8월, 경기도 장애인 일자리팀 및 장애인 시설팀과 함께 장애인 직업 재활 시설 지원 개선 방안을 모색하기 위한 정담회를 개최했다.

이날 정담회에서는 장애인 직업 재활 시설과 관련하여 '경기도 장애인 일자리 창출 및 장애인 고용 촉진 직업 재활 지원 조례'에 따른 훈련 수당 지급, 직업훈련교사 배치기준 완화, 장애인복지시설 기능보강사업 지원 확대 등에 대한 깊은 논의가 이루어졌다.

  평택에 소재한 이음터장애인직업적응훈련센터는 15명의 훈련장애인이 활동하는 곳으로, 장애인들의 중증도가 높아 1명의 직업훈련 교사로는 운영이 어려운 실정이다. 원활한 훈련이 이루어지려면 교사의 배치 기준이 완화되어야 하고, 임대료 걱정이 없도록 시설을 이전해 안정적인 서비스 공급이 이루어져야 할 것이다.

  장애인들이 자신들의 희망과 적성에 맞는 직업 생활을 할 수 있도록 직업 환경에 적응하려는 훈련 과정에서도 반드시 훈련 수당을 지원받을 수 있어야 한다. 나는 예산결산특별위원회 위원으로서 추가경정예산에 훈련 수당을 반영하는 등 매년 안정적으로 예산을 확보할 수 있도록 애써왔다.

장애인은 비장애인이 보살펴야 하는 존재가 아니라, 함께 생활할 수 있도록 그 권리가 존중받아야 하는 동료 시민이다. 우리는 누구나 잠재적 장애인이다. 남의 일이 아니다.

05

교육·문화·환경까지 아우른 전방위 의정활동

◆ ◆ ◆

오늘날 환경보호 행동은 선택이 아니라 필수가 되었다.

특히 국제무역에서 글로벌 기준을 충족하지 못하면

우리 상품을 내다 팔 수 없는 경제 환경이 되었다.

그런데 지난 윤석열 정부 들어 환경보호 행동이

급격히 퇴행하는 가운데 우리 산업 경쟁력도 그만큼 약화되었다.

새 정부는 퇴행을 되돌리고 저만치 앞서가는 선진국을

따라잡아야 하는 힘든 과제를 떠안게 되었다.

교육이
우리의 미래다

교육이 우리의 미래라는 사실은 변함이 없다

'교육은 백년지대계'라는 말이 무색하게 우리 교육은 그야말로 조변석개해왔다. 특히 대학 입시 제도는 하도 자주 바뀐 데다가 복잡해져서 전문가조차 헷갈릴 정도다. 그러니 대학 입시 철만 되면 고액을 내야 하는 대학 지원 컨설팅이 성황을 이룬다.

사정이야 어쨌든 '교육이 우리의 미래'라는 사실은 변함이 없다. 교육의 토대에서 우리는 이만큼 발전해 왔고, 또 앞으로도 교육이 제대로 뒷받침된다면 우리는 계속 발전할 것이다.

나는 지난 2021년 7월, 경기도의회 평택상담소에서 경기도 평택교육지원청 관계자가 참석한 가운데 '2021년 소규모 교육환경개선사업'에 대해 논의하는 자리를 가졌다.

평택교육지원청은 소규모 교육환경 개선 사업에 대한 계획 수립, 수요 조사, 현장 확인 과정을 면밀하게 검토하여 목적대로 사업을 추진하고 있는데, 이 자리에서 사업에 선정된 후 각급 학교별 추진 사항과 함께 현안, 문제점 등 사업 추진에 대한 전반적인 사항을 설명했다. 또 상반기 소규모 교육환경개선사업에서 제외된 학교에 대한 선정 보고와 함께 이번에 40년 이상의 노후화된 학교가 '그린스마트스쿨 사업'에 선정된 사실을 보고했다.

'그린스마트스쿨'은 40년 이상의 노후화된 학교를 친환경 디지털 교육환경을 조성하기 위해 태양광·친환경 단열재를 설치(그린)하는 것은 물론 교실에 WiFi와 교육용 태블릿 PC를 보급(디지털)하는 내용을 골자로 한다.

우리 미래의 꿈나무인 학생들에게 안전하고 쾌적한 교육환경에서 학업에만 열중할 수 있는 여건을 조성하기 위해 마련된 사업인 만큼 어느 한 곳 소홀함이 없이 추진해줄 것, 사업 추진 중에 부족한 부분이 발생하는 즉시 협의하여 계획된 사업이 착실히 완료될 수 있도록 최선을 다해 달라고 요청했다.

아울러 노후화된 학교의 공간을 효과적으로 개선해 학생 중심 교육 공간을 조성하는 데 함께 노력해나갈 것이니, 이번 소규모 환경 개선 사업 선정에 제외된 학교에 대해서는 향후 선정될 수 있도록 잘 관리해달라고 당부했다.

과학기술의 저변을 넓히는 교육 체계의 중요성

　첨단과학기술도시로 우뚝 서려는 평택시로서는 과학기술의 저변을 넓히는 교육 체계가 중요한 과제가 되었다. '평택 과학고' 유치 신청도 그런 노력의 하나로 추진된 의제다. 나는 지난 2024년 6월, 경기도의회 경제노동위원회 의원실에서 주관한 '평택 과학고 유치를 위한 정책토론회'에서 토론자로 나서 평택시 과학고 유치의 합리적인 타당성을 제시했다.

　평택시는 인구 유입과 학령인구가 꾸준히 증가하는 추세에 있는 데다가 출생률도 1.0명 이상을 유지하고 있어서 과학 인재 양성을 위한 교육 시설이 들어서기에 최적의 교육적·경제적·사회적 조건을 갖추고 있다. 비록 과학고 유치는 성사되기 어려운 일이 되었지만, 평택의 이런 교육 기반 여건을 십분 활용하면 얼마든지 첨단 과학기술 교육 체계를 구축할 수 있을 것이다.

　또 평택은 반도체 산업, 첨단 모빌리티 산업, 환경친화적 산업 등의 연구개발 및 실증실험단지 등을 보유한 첨단 산업의 집적지일 뿐 아니라 브레인시티 지식기반 개발 지역에 KAIST 평택캠퍼스가 들어설 예정이다. 2025년 예정에서 다소 지연되고 있긴 하지만 기존 평택대, 한경국립대 등과 연계해 연구와 탐구 교육 과정 운영이 가능한 구조다.

게다가 삼성전자, LG전자, KG모빌리티 등의 평택 소재 기업들과도 미래지향적인 우수 교육 과정을 추진할 기반이 마련되어 있다.

AI 교육은 협업과 실무 중심 수업 체계화가 핵심

바야흐로 AI 전성시대다. 아니, 앞으로 AI를 통하지 않고서는 산업에서 아무것도 할 수 없는 시대가 되었다. 그래서 새 정부도 AI 연구개발에 산업 부흥의 사활을 걸고 나섰다.

나는 지난 2025년 6월, 경기도의회 미래과학협력위원회 위원으로서 '특성화고 인공지능 시대의 미래를 준비하다'를 주제로 정책토론회를 진행했다.

이번 토론회는 인공지능 기술로 산업 구조가 급속히 변화하는 시대적 흐름 속에서 특성화고등학교의 교육 과정을 어떻게 개편하고 진로 지원을 강화할 수 있을지에 대한 방향을 모색하기 위해 마련됐다. 산업의 트렌드 변화와 특성화고 교육의 현실을 조명하며 학생 중심의 실질적인 정책 방향을 찾는 토론회다.

이날 토론에서 주제 발표를 한 평택마이스터고 조영수 교장은 정부 주도의 특성화고 취업 지원의 필요성, 산학협력 교사의 활용 등을 제안하고, 경기도의회 교육기획원회 장윤정 위원은 특성화고의 실질적 변화는 단순한 AI 커리큘럼 추가가 아니라 지역, 기업 및 공공기관과의 협업과 실무 중심 수업 체계화가 핵심이라는 의견과 함께 정밀한 개편과 과감한 투자, 구조 전환의 필요성을 강조했다.

경기도 4차산업혁명센터 김현대 센터장은 AI와 4차산업혁명 시대를 맞아 기술 활용 능력뿐만 아니라 창의성, 협업, 문제 해결력 등 인간 중심 역량의 중요성을 강조하고, 미래 기술 3대 요소로 탄소지능, 가상지능, 인공지능 능숙도 등을 제시했다.

차세대융합기술원 박건철 AI융합연구센터장은 AI 산업의 급변 속에 직업 교육은 실용성과 현장 중심으로 전환되어야 한다며 마이크로 자격 기반 모듈형 교육, 산업 협력 실습, 공식 인증 시스템 구축을 통한 AI 실무역량 강화와 진로 경쟁력 확보의 필요성을 제기했다.

경기도는 특성화고의 미래 경쟁력 확보를 위한 정책적·재정적 지원 확대를 검토 중이며, 지속적인 논의와 실행 방안 마련에 최선을 다할 것이다.

무인 이동체 산업의 제도적 지원 강화

　무인 이동체 산업은 그 자체로도 큰 사업 기회가 되겠지만, 다른 산업에도 지대한 영향을 미치는 중요한 미래산업이다.

　나는 지난 2023년 7월, 경기도 무인이동체 산업 육성 지원을 위해 경기도의원들에게 관련 과정을 체험하고 안전 교육 및 조종에 필요한 인증서 취득이 가능한 맞춤형 교육 진행 과정을 개설했다.

　무인 이동체 중 드론은 다양한 기능으로 새로운 직업을 창출할 미래산업의 핵심 분야이지만 전쟁이나 범죄 등에도 악용될 수 있다. 특히 청소년이 쉽게 접할 수 있어서 안전과 조종 자격에 대한 교육 및 인증의 필요성이 커지고 있으며, 드론에 대한 체계적인 교육이나 권위 있는 인증서를 취득할 수 있는 지원이 필요한 실정이다.

　그래서 나는 드론 산업을 포함한 무인 이동체 산업의 제도적 지원 강화를 위해 노력해왔으며, 경기도민들을 위해서 드론에 대한 전문적이고 체계적인 교육과 권위 있는 조종 자격 인증을 제공할 시설이 필요하다는 인식으로 이를 지원할 근거 마련을 위해 힘써왔다.

　앞서 내가 대표 발의한 '경기도 무인 이동체 산업의 육성 및 지원에 관한 조례 일부 개정안'이 의결되었다. 이 개정안을 통해 드론을 포함한 무인 이동체 실증연구 테스트베드 구축, 드론 등의 활용 저변 확대를 위한 경진대회 등의 사업 추진, 사회적 약자 편의 증진을 위한 드론 등의 사용 지원사업을 추진할 근거 규정을 마련했다.

무엇보다 먼저 신체가 건강해야

어린이와 청소년은 우리의 미래를 담당할 주인공으로, 학습 능력도 중요하지만 건강한 신체가 그보다 더 중요하다.

신체가 건강해야 다른 모든 것이 비로소 의미가 있으니 말이다.
　나는 진작부터 도내 학생 '불균형 체형' 건강 문제 해결을 모색해왔다. 그 노력의 하나로 지난 2022년 10월, 도내 유·초·중·고교 학생들의 건강한 체형 관리 교육 방안을 찾기 위해 학부모·교사들과 머리를 맞댔다. 도의회 평택상담소에서 학생 불균형 체형 관리의 중요성과 예방 교육의 필요성을 주제로 정담회를 개최한 것이다.

최근 어린이와 청소년의 스마트기기 장시간 사용과 올바르지 못한 생활습관으로 체형 불균형 문제가 심각해짐에 따라 학부모와 교사의 의견을 반영한 정책 지원을 하기 위한 자리다.

신체가 불균형하면 키 성장에 영향을 줄 뿐만 아니라 자신감 결여, 학습 태도 저하 등의 문제가 발생한다. 불균형 체형은 잘못된 습관에서 비롯되기에 학교에서 예방 및 바른 체형 개선 교육이 추진돼야 한다.

경기도는 학생 불균형 체형을 예방하고 지원하기 위한 조례가 마련돼 있지만, 학교 현장에서 관련 사업이 정착해 체계적으로 추진되고 있지 않다. 예방 교육을 통해 학생들이 건강한 신체와 정신으로 성장할 수 있도록 지원을 아끼지 않을 것이다.

차이가 차별이 되지 않는 성평등을 위해

앞에서 신체 건강의 중요성을 말했지만, 정신 건강도 그에 못지않게 중요하다. 특히 성인지 교육은 가정에서 거의 이루어지지 않아 학교에서의 교육이 매우 중요하다. 우리 사회는 성에 대한 언급 자체를 오랫동안 금기로 여겨온 나머지 성에 대한 교육도 거의 이루어지지 않아 성인지 감수성이 거의 바닥 수준인데다가 성에 대한 인식이 매우 왜곡되어 있다.

지난 2020년 12월, 나는 '여성이 만드는 희망 대한민국! 아동 성폭력 예방 및 성인지 교육' 토론회에 좌장으로 참석해 아동 성폭력 예방과 젠더 감수성에 관해 이야기를 나눴다.

여성과 남성이 더불어 살기 좋은 세상을 만들기 위해서는 성폭력 예방과 함께 올바른 성인지 감수성을 가져야 한다. 이와 함께, 날로 증가하는 아동 성폭력에 대한 대비책을 마련할 수 있도록 힘을 모아야 한다.

또 젠더의 관점으로 바라본 성폭력인 젠더 폭력은 생물학적 성폭력과 달리 경찰 등 정부뿐 아니라 사회의 관심과 도움이 반드시 선행되어야 하고, 성에 대한 혐오와 폭력의 심각성을 사회적인 문제로 인식하는 것이 필요하다. 특히 차이가 차별이 되지 않는 성평등을 위해 서로의 차이, 서로의 다름을 인정하는 개개인의 노력이 중요하다.

문화강국이
진정한 강국이다

오직 한없이 가지고 싶은 건 높은 문화의 힘

제국주의는 18세기부터 20세기 전반까지 이어진 세계사를 피로 물들였다. 세계 열강끼리 충돌한 식민지 쟁탈전에 이어 곳곳에서 벌어진 독립전쟁으로 포연 가실 날이 없었다. 1914년에 벌어진 제1차 세계대전은 열강이 연합국과 동맹국으로 양분되어 충돌한 첫 전쟁이었다. 그 전에 아시아를 무대로 벌어진 아편전쟁과 청일전쟁 그리고 러일전쟁은 그 예고편이었다. 중일전쟁과 제2차 세계대전 그리고 태평양전쟁으로 20세기의 폭력은 절정으로 치달았다. 오로지 군사력으로 국력을 말하던 전쟁의 시대는 끔찍한 파괴와 폐허 그리고 악몽만 남긴 채 역사가 되었다.

그런 중에 시대의 선지자가 있었으니 백범 김구다. 그는 군사력이 맹위를 떨치던 시대에 문화의 힘에 주목했다. 그리고 "오직 한없이 가지고 싶은 건 높은 문화의 힘"임을 천명했다.

나는 우리나라가 세계에서 가장 아름다운 나라가 되기를 원한다. 가장 부강한 나라가 되기를 원하는 것은 아니다. 내가 남의 침략에 가슴이 아팠으니, 내 나라가 남을 침략하는 것을 원치 아니한다. 우리의 부력(富力)은 우리의 생활을 풍족히 할 만하고, 우리의 강력(強力)은 남의 침략을 막을 만하면 족하다. 오직 한없이 가지고 싶은 것은 높은 문화의 힘이다. 문화의 힘은 우리 자신을 행복되게 하고, 나아가서 남에게 행복을 주기 때문이다.   _ 김구,《내가 원하는 우리나라》,《백범일지》, 돌베개, 2005.

백범은 우리 자신을 행복하게 하고 나아가 남에게도 행복을 줄 수 있는 '높은 문화의 힘'을 염원했다. 그가 말한 문화는 물질이 아닌 정신이고, 모방이 아닌 창조이며, 지배가 아닌 공존이다. 백범이 꿈꾼 나라는, 그런 문화의 힘으로 세계에 빛을 비추는 나라였다. 오늘날 대한민국이 그런 길을 가고 있다.

우리나라가 문화강국으로 나아가고 있는 배경에는 문화를 사랑하고 지키려는 우리 국민의 높은 문화적 감수성이 있다.

나는 지난 2022년 7월, 평택 문화재 지킴이에서 건의한 '문화재 지킴이 활동 활성화를 위한 조례 제정'에 대한 현황을 청취했다. 경기도 문화재의 홍보 및 보호 관련 활동을 증진하기 위하여 문화재 지킴이 활동이 중요하며, 문화재 보존 및 도민의 문화적 삶의 질 향상에 이바지하기 위해서는 문화재 지킴이 활동에 관한 조례는 꼭 필요하다고 했다. 평택 문화재 지킴이는 시민의 자발적인 참여로 이루어진 봉사활동 모임으로 평택의 문화재를 사랑하고 가꾸는 뜻깊은 일을 하고 있다.

문화재에 대한 가치를 높이고 문화재에 대한 보존·관리 및 활동을 활성화하기 위해 경기도의회에서도 문화재를 효율적으로 보존하고 관리할 정책을 꾸준히 마련해 오고 있다.

무형의 문화재가 지닌 유형의 잠재력

한편 나는 지난 2019년 7월, 평택상담소에서 '우리문화달구지' 행사 진행 팀과 두 달 뒤에 열리는 망궐례 행사의 성공적인 개최를 위한 간담회를 가졌다.

지방 관리는 직접 왕을 배알하여 예를 올릴 수 없었으므로 왕과 궁궐을 상징하는 패를 만들어 모시고 궁궐을 향해 예를 올렸으니, 망궐례다. 대개 근무지에서 왕과 왕비의 생일, 설, 단오,

한식, 추석, 동지 등 명절에 왕과 왕비의 만수무강을 비는 망궐례를 올렸다.

새로 벼슬을 받은 지방관이 부임지로 떠나면 왕에게 미처 하직 인사를 올리지 못한 경우 부임지에서 예를 올리는 것, 과거를 치르러 상경했다가 돌아가는 길에 서울 경계에서 궁궐을 바라보고 예를 올리는 것도 망궐례다.

망궐례 행사는 역사적으로도 의미 있는 행사이므로 훌륭한 문화재로 잘 정착시켜야 한다. 평택 시민 누구나 이 행사에 참여하여 다양한 문화 체험을 할 수 있도록 홍보에 힘쓰고 적극적으로 도와왔다.

환경은 비용이 아니라 자산이다

환경과 경제는 상충관계가 아니라 보완관계

환경은 비용이 아니라 투자 개념으로 접근해야 한다. 환경을 보호함으로써 얻는 이익이 환경보호에 드는 비용보다 훨씬 크기 때문이다. 환경보호는 지속 가능한 발전을 위한 필수 요소이며, 장기적으로 경제 성장에도 기여한다. 그런데 환경 얘기가 나오면 으레 경제의 발목을 잡는 것으로 호도하면서 우선 경제부터 살리고 봐야 한다느니, 한가롭게 환경 타령이나 할 때가 아니라느니 하면서 환경보호 노력에 찬물을 끼얹는다.

우리 사회의 일부는 환경과 경제를 상충관계로 보는 사고에 젖어 있다. 잘못된 사고다. 환경과 경제를 상충관계로 보는 시각은 저비용—고효율 사회에서나 통하지, 우리나라와 같이 고비용—저효율 사회에는 해당하지 않는다. 고비용—저효율은 사회와 경제에 상당한 낭비 요소가 있다는 것이므로 그것의 제거 자체가 경제를 활성화하면서 동시에 환경을 개선해주기 때문이다.

오늘날 환경보호 행동은 선택이 아니라 필수가 되었다. 특히 국제무역에서 글로벌 기준을 충족하지 못하면 우리 상품을 내다 팔 수 없는 경제 환경이 되었다.

그런데 지난 윤석열 정부 들어 환경보호 행동이 급격히 퇴행하는 가운데 우리 산업 경쟁력도 그만큼 약화되었다. 새 정부는 퇴행을 되돌리고 저만치 앞서가는 선진국을 따라잡아야 하는 힘든 과제를 떠안게 되었다.

나는 윤석열 정부의 퇴행이 급발진하는 가운데서도 탄소 중립을 위한 친환경 에너지 선도 사업에 주력하는 의정활동을 멈추지 않았다. 지난 2024년 9월, 경기도의회 평택상담소에서 탄소 중립을 위한 '평택항 친환경 물류 전용 항만 구성 사업'에 관한 정담회를 가졌다. 나를 비롯한 관계자들은 수도권의 관문이자 유일한 국제항인 평택항을 탄소 중립 항만으로 만들기 위한 실질적 노력과 관련 정책의 필요성에 공감하며 의견을 나눴다.

평택항에 정박한 선박 한 척이 각종 공회전으로 내뿜는 오염

물질이 트럭 수십만 대와 맞먹는 양이다. 연간 120일 이상이 '나쁨' 수준의 미세먼지 상황이 계속되어 친환경 운송수단 등 특단의 대책이 필요한 상황이다.

평택항이 미래 친환경 에너지 생태계 경제성을 구현하고 기후 위기 극복의 시발점 역할을 하도록 해야 한다. 관련 기관들이 적극적인 협력을 통해 2040년이면 탄소 중립 항만, 친환경 평택항 조성을 달성해야 할 것이다.

나는 미래의 지속 가능한 발전을 위한 핵심 과제로 탄소 중립 달성 외에도 첨단 모빌리티 산업과 수소 산업의 활성화를 꼽고 혁신적이고 창의적인 미래 친환경 사업 개발 지원에 주력해왔다.

나는 그런 차원에서 지난 2025년 7월, 평택시 모곡동의 수소충전소 본격 운영을 환영했다. 이번에 개소한 평택 모곡 수소충전소는 하루 240대 수소 버스 충전이 가능한 4기의 충전설비를 갖춘 경기도 내 5번째 상용차용 수소충전소다. 경기도에서는 2025년 말까지 수원·용인·화성·평택에 상용차용 수소충전소 5곳, 화성·안성 등지에 승용차용 수소충전소 4곳을 추가로 구축해, 내년까지 총 60개소 수소충전소를 완비할 계획이다.

청정에너지 전환은 우리 아이들과 미래세대를 위한 준비이자 시대적 과업이다. 교통·에너지 혁신의 상징인 수소 상용차 보급 확대를 통해 도심 대기질을 개선하고 수도권 유일의 무역항이자 핵심 물류 거점인 평택항을 수소 항만으로 조성해 탄소 중립 시대에 부응해야 한다.

수소충전소는 그저 하나의 시설이 아니라 탄소 중립 사회로 가기 위한 기반이며, 미래 세대의 생존을 담보할 환경 개선의 첨단시설이 될 것이다.

환경 개선을 위한 줄기찬 입법 활동

신선식품의 유통이 급증하면서 아이스팩의 사용이 엄청나게 늘어난 가운데 그로 인한 환경오염에 경고등이 켜진 지 오래되었다. 그런데도 이 문제를 방지하고 처리할 제도적 장치가 미흡한 현실을 일찍이 안타까워했다.

지난 2021년 8월, 내가 대표 발의한 '경기도 아이스팩 순환 활성화 지원 조례안' 이 상임위 심의를 통과한 데 이어 본회의에서 의결되었다. 이로써 아이스팩 순환 활성화 지원에 관한 사항을 규정하고, 경기도에서 발생하는 아이스팩의 순환시스템 구축을 골자로 하는 조례가 전국 광역의회 최초로 제정되었다.

세부 내용으로는 아이스팩 순환 활성화 사업의 원활한 추진을 위해 도지사의 책무를 규정하고, 아이스팩의 순환을 유도하기 위하여 관계 기업 등에 대한 권고사항을 명시하며, 도 차원에서 아이스팩 순환 활성화 사업계획을 수립·시행하도록 하는 등의 사항을 담고 있다.

특히 아이스팩 순환 활성화에 관한 사항은 경기도 주민 참여 예산으로 관련 사업이 시행되고 있으며, 주민 제안 사업도 여러 건이 신청되어 있을 만큼 도민의 참여와 관심이 높은 사업이다.

광역의회 최초로 제정된 아이스팩 순환 활성화 지원에 관한 조례이니만큼, 관련 정책이 잘 시행되는가를 꾸준히 살펴왔다. 앞으로도 도민이 필요로 하는 정책을 조례에 담아낼 수 있도록, 도민의 삶과 함께하는 의정활동을 펼쳐나갈 것이다.

[현안 인터뷰]

환경보호를 위해 아이스팩 순환 사업 조례 제정

"아이스팩 순환 활성화 사업의 예를 들어보면 현재 도민 제안으로 시행 중인 사업인데, 가정에서 신선식품 배달로 쌓인 아이스팩을 수거함에 넣으면 재활용 절차를 거쳐서 신청한 소상공인들에게 지급되고 다시 신선식품 배달 시에 사용하는 것입니다."

- 방송: OBS 경인TV 〈뉴스 오늘〉
- 진행: 이상희 아나운서
- 인터뷰: 서현옥(더불어민주당 · 평택3) 경기도의원

[이상희] 의원님께서 제정한 조례도 여러 가지 살펴봤는데 관심이 가는 내용이 있습니다. 광역 최초로 아이스팩과 관련된 조례를 제정하셨습니다.

[서현옥] 최근 도시에서 발생하는 아이스팩의 순환시스템을 구축하고자 광역의회 최초로 경기도 아이스팩 순환 활성화 지원 조례를 제정하게 됐습니다. 코로나 영향으로 비대면 온라인 거래가 늘어나고 특히 아이스팩이 필요한 신선식품의 배달이 증가하면서 아이스팩의 수요와 공급이 폭증했는데, 아이스팩에 주로 사용되는 고합성 수지는 자연분해까지 500년 이상 걸리고 뜨거운 열에도 타지 않는 특성으로 인해 대기 중에 유해 물질 배출이 우려되는 상황입니다. 또 강이나 바다로 유입되면 환경오염 및 해양생태계에 큰 문제를 일으킬 수 있어서 아이스팩 순환으

로 환경을 보호하고자 조례를 제정하게 됐습니다.

[이상희] 말씀하신 대로 아이스팩이 상당히 많이 쓰입니다만 재활용이 되지 않고, 정말 어떻게 처리해야 할지 곤란한 경우가 상당히 많습니다. 하루빨리 해법이 나와야 할 텐데, 이 부분 어떻게 보고 계십니까?

[서현옥] 조례에는 도지사의 책무를 규정하고 아이스팩 순환 활성화 사업계획을 수립했습니다. 사업의 원활한 시행을 위해서 시군의 사업비 지원에 관한 사항을 명시하고, 나아가 해당 사업이 제대로 시행되는지를 파악하기 위해 시군의 사업 이행 점검 및 사업 완료 보고에 관한 사항을 명시했습니다. 아이스팩 순환 활성화 사업의 예를 들어보면 현재 도민 제안으로 시행 중인 사업인데, 가정에서 신선식품 배달로 쌓인 아이스팩을 수거함에 넣으면 재활용 절차를 거쳐서 신청한 소상공인들에게 지급되고 다시 신선식품 배달 시에 사용하는 것입니다. 현재 21개 시군에서 시행 중인데 이번 조례제정으로 순환사업이 31개 시군 전체에 확대될 것으로 기대하고 있습니다.

[이상희] 반드시 활성화되면 좋겠습니다. 이번에는 지역구 이야기를 여쭤보겠습니다. 지역구가 평택인데 평택은 수자원이 풍부한 곳입니다만 수질 관리가 취약하다는 이야기가 많이 나오고 있습니다. 이와 관련해 수질 개선 방안은 어떻게 보고 계십니까?

[서현옥] 평택은 '평평한 땅에 연못이 많은 지역' 이라는 뜻으로, 지명 유래에서도 그 특징을 말해주고 있습니다. 안성천에 이어서 평택호에서 서해까지 수자원이 발달했습니다. 하지만 국가산업단지와 석유화학단지 등이 밀접해서 환경오염에 많이 노출돼 있고, 강 하류에 위치해 수질 보존에 어려움을 겪고 있습니다. 저는 평택 출신으로서 오래전부터 수

질 문제에 많은 관심을 기울여왔습니다.

[이상희] 좀 더 구체적으로 말씀하신다면요.

[서현옥] 경기도의회 내에서도 수질 개선을 위한 방안을 마련하기 위해서 경기도 내 오염 하천 수질 개선 최적화 정책에 관한 연구를 추진하고 전문가들과의 교류를 통해 경기도 내 오염 하천을 깨끗한 도심 하천으로 탈바꿈해서 시민휴식처의 기능을 회복할 수 있도록 돕는 최적의 수질 개선 방안을 모색했습니다. 또 지난 3월 평택시청에서 열린 상·하류 상생으로 살아나는 경기 남부 하천 및 평택호 수질 개선 토론회에 참석해서 도내 오염 하천 수질 개선을 위해 지자체 간 협력과 거버넌스 구축을 중심으로 한 유역별 물관리 정책을 제안하는 등 다양한 노력을 기울이고 있습니다.

[이상희] 그런데 의원님, 평택호는 하천의 최하류에 있습니다. 그래서 평택시만의 노력으로는 해결할 수 없는 문제가 많은데 주변 지자체와 협력해야 하지 않겠습니까? 어떤 고민을 하시는지 궁금합니다.

[서현옥] 네. 수질 관리는 한 지자체의 문제가 아닌 만큼 발원지부터 하류까지 관계되는 모든 지자체가 협력해야 합니다. 특히 안성천과 평택호 수질 개선은 평택 발전의 선결과제이고 이를 위해서는 이웃한 지자체들과 상생 협력을 토대로 한 정부 지원이 필요합니다. 최근 안성, 평택, 용인시는 환경부, 경기도, 한국농어촌공사와 평택호 유역 상생 협력 추진을 위한 업무협약을 체결했습니다. 평택시와 용인시, 안성시는 송탄·유천 취수장과 상수원 보호구역 문제로 오래 갈등을 겪고 있는데 이번 업무협약을 토대로 평택호 수질 개선을 위한 상생 협력사업과 규제 합리화가 진행돼서 갈등이 원만히 해결되길 바라고, 저 역시도 계속

관심을 두고 평택호 수질 개선을 위한 방안을 모색하겠습니다.

[이상희] 저희도 기대하면서 앞으로 또 어떻게 진행되는지 지켜보겠습니다. 의원님 말씀 오늘 여기까지 듣겠습니다. 고맙습니다.

06

일자리 확충과
노동 환경 개선 방안 강구

◆ ◆ ◆

행정을 맡은 공직자는 탁상행정의 편리한 도구인
통계 수치보다는 실전에서 무엇이 필요한지
현실적인 면을 더 바라보고 최대한 빨리 파악해
빈 곳을 메워주어야 한다.
새로운 일자리를 창출하는 것도 중요하지만,
일자리의 개수가 만족도로 이어지는 것은 아니다.
기업과 취업 희망자가 서로 만족할 수 있는
양질의 일자리가 중요하다.

일자리,
실질적 효과를 끌어내야

실질적인 일자리 창출 방안 강구

이제 일자리는 AI를 빼놓고서 말할 수 없게 되었다. 과연 AI는 일자리에 대한 위협일까? 아니면 전에 없던 새로운 기회일까?

AI는 이미 우리 생활 깊숙이 들어와 있다. 스마트폰의 음성 인식 기능부터 온라인 쇼핑몰의 상품 추천, 금융 거래의 이상 감지 시스템까지 AI는 다양한 형태로 활용되고 있다. 특히 딥러닝 기술의 눈부신 발전이 AI의 차원을 몇 단계 끌어올리면서 인간 최후의 영역으로 여겨졌던 분야까지 AI가 대신할 수 있게 되었다.

이런 AI의 영향력은 갈수록 커질 것으로 보인다. 단순 반복 업무는 물론 데이터 분석, 의료 진단, 법률 자문, 심지어 창작 영역까지 AI가 인간과 협업하거나 대체하는 일은 이미 현실이 되었다. 이러한 변화는 생산성 향상, 비용 절감, 새로운 서비스 창출 등 긍정적인 측면도 있지만, 반면에 고용 불안정을 초래할 수도 있다.

이런 현실적 인식을 바탕으로 일자리 정책을 입안하고 실행할 필요가 있다. 나는 지난 2023년 11월, 경기도일자리재단 대표이사 후보자 인사청문회에 참석하여 경기도 일자리 정책의 현실적 대안과 함께, 새로운 대표이사의 책무와 일자리재단을 이끌 방향성에 대해 질의하고 의견을 제시했다. 기업과 구직자 사이의 매칭 불균형의 현실을 현장에서 확인하고 이론적 연구가 아닌 실질적으로 기능하는 사업 중심의 일자리재단 운영을 요청한 것이다.

행정을 맡은 공직자는 탁상행정의 편리한 도구인 통계 수치보다는 실전에서 무엇이 필요한지 현실적인 면을 더 바라보고 최대한 빨리 파악해 빈 곳을 메워주어야 한다.

새로운 일자리를 창출하는 것도 중요하지만, 일자리의 개수가 만족도로 이어지는 것은 아니다. 기업과 취업 희망자가 서로 만족할 수 있는 양질의 일자리가 중요하다. 기존 일자리 매칭에서의 높은 이직률이 발생하는 이유를 살펴 미스매칭이 되지 않도록 신경 쓸 필요가 있다.

이런 관심과 활동이 쌓여 이후 경기도일자리재단은 면모를 일신하여 실질적인 일자리 창출 방안을 강구해왔다. 경기도일자리재단은 도내 중장년층의 재취업을 지원하기 위해 2025년 하반기에만 모두 27회의 박람회를 개최한다. 50~70대 중장년을 위한 맞춤형 취업 연계 행사인 '2025년 경기도 5070 일자리 박람회'는 7월부터 11월까지 도내 31개 시군을 순회하며 모두 27회의 박람회를 연다.

이번 박람회에서는 기업 인사 담당자와 구직자가 직접 만나는 채용관, 이력서 컨설팅, 직무 체험관, 정부 고용정책 안내 등 다양한 부대 프로그램, 퍼스널컬러 진단, 면접 메이크업 등 중장년 구직자의 이미지 개선 프로그램 등이 제공된다.

산업 구조 다변화에 맞춘 일자리 수요 예측

앞서 AI로 인한 산업 구조의 변화에 따라 일자리도 크게 변화할 것임을 말했다. 그런 변화를 고려한 일자리 수요 예측이 더욱 중요하게 되었다. 나는 지난 2023년 11월, 경기도일자리재단에 대한 행정사무 감사에서 산업 구조 다변화에 맞춘 일자리 수요 예측을 통한 인재 양성 방안 마련을 촉구했다.

산업 구조의 다변화로 인해 새로운 일자리가 창출되고 일자리의 전환이 빠르게 진행되고 있다. 전기차와 수소차의 보급에 따른 충전기 관리 인력과 전기차 정비 인력 등의 수요가 급증하고 있다. 전기차 정비 인력 양성 교육이 실효성 있게 이루어지고 있는지 점검이 필요하다.

전기차나 수소차는 현장에서
고압·고전력을 다루게 되므로
시설과 장비의 안전한 실습 환경이
조성된 기업과 연계한 교육이
더욱 효과적일 것이다.

 나는 행정사무 감사에 앞서 2023년 8월에 평택시 노동상담소 운영에 관한 정담회를 가졌다. 평택 노동상담소가 처한 운영상의 애로사항을 경청하는 한편 근로자의 인권, 복지 등 인권 보호를 위한 근로조건 향상이 매우 필요한 시점임을 강조했다.
 나는 평택시가 노동자들의 특색에 맞는 정책을 수립하고 노동상담 사례, 각종 노동 정책 관련 데이터를 종합해 평택의 노동자들에게 맞게 적용할 수 있도록 하는 데 도움을 아끼지 않았다.
 평택 노동상담소는 급증한 근로자를 위한 체계적인 법률서비스 등 인권 보호를 위한 상담을 위해 2023년 개소한 이래 노동법률지원, 노동법 교육 등의 서비스를 취약노동계층 등에 제공하고 있다.

노동에 차별이 있어서는 안 된다

우리나라 '근로기준법'은 노동법으로서 꽤 괜찮은 법이라는 데 다수가 동의한다. 그런데 문제는 근로기준법 적용 대상이 대개 '5인 이상 사업장의 정규직'에 국한된다는 것이다. 비정규직만 전체의 40%에 이르는 내국인 노동자와, 5인 미만 사업장에서 일하는 노동자, 그리고 90만 명에 이르는 외국인 노동자는 노동자로서 누려야 할 권리와 보호받아야 할 보호를 온전히 적용받지 못한다. 전체 노동자의 절반이 훨씬 넘는 노동자가 근로기준법에서 제시하는 최소한의 권리와 보호의 사각지대에 놓이거나 제외된다.

특히 이주노동자는 더욱 열악한 노동조건 속에 있다. 이주노동자로서 한국에서 일하려면 고용허가제를 통과해야 한다. 어렵게 이 과정을 통과해 한국에 입국 후 취업에 성공해도 사업장 변경의 자유 없이 일해야 한다. 고용주가 아무리 악덕이어도 이주노동자는 자유롭게 사업장을 변경할 수 없는 족쇄를 차고 일한다. 이러한 악법으로 인해 지금도 많은 이주노동자가 근로기준법은커녕 기본적인 인권조차 누리지 못한 채 중노동에 시달리고 있다.

최근 베트남 국적의 20대 하청노동자가 공장 출근 첫날 40도폭염 속에서 일하다 온열 질환으로 사망한 사건도 그런 정황을 여실히 보여준다. 사망자가 일하던 현장의 경우 내국인 노동자는 단체협약을 통해 혹서기에는 단축 근무를 했지만, 이주노동자는 해당 조치에서 제외됐다.

한국 사회는 이미 이주민 노동자의 노동력에 노동 공급을 지탱하고 있다. 그들은 대개 내국인이 회피하는 노동 현장을 지키고 있다. 제조업, 농축산어업, 건설업, 서비스업 그리고 돌봄 노동까지 사실상 이주노동자 없이는 한국 사회가 제대로 돌아갈 수 없는 구조로 이행하고 있다. 그런데도 이주노동자는 최소한의 보호장치도 미비한 취약한 노동 환경에 놓여 있다.

이에 나는 지난 2023년 4월, 경기도의회 평택상담소에서 외국인 계절노동자 파견을 추진하기 위한 정담회를 개최했다. 이 정담회는 네팔 의회 레누 다할 의원과 업무상 연관된 김혜정 대표의 주선으로 경기도-네팔 바랏푸르시 간의 계절노동자 파견에 대한 협력 방안을 모색하기 위해 마련된 것이다.

외국인 계절노동자 프로그램은 파종기·수확기 등 계절성이 있어서 단기간·집중적으로 일손이 필요한 농·어업 분야에서 합법적으로 외국인을 고용할 수 있는 제도로, 일손이 필요한 기간이 짧아 고용허가제를 통한 외국인 고용이 어려운 농·어업 분야에 최대 5개월간 고용을 허용한다.

농업인 고령화와 인구 감소 등으로 농·어업 노동력 부족 현상이 심화하는 가운데, 경기도와 네팔 바랏푸르시 간 MOU 체결로 안정적인 인력 공급을 통해 농촌 인력난 해소에 기여할 수 있게 되었다.

한편, 경기도는 법무부 외국인 숙련 기능 인력 혁신적 확대 방안의 하나로 2024년부터 경기도 외국인 숙련 기능 인력(E-7-4) 가점 추천을 진행해오고 있다.

청년 주거와 일자리에 초점을 맞춘 종합감사

무엇보다 청년 일자리 문제에 집중해온 나는 2023년 종합감사도 청년 주거와 일자리에 초점을 맞췄다.

구체적으로는 친환경 에너지 보급, 일자리 수요 예측, 행정편의에 의한 사업 중단, 공공기관 종합 거점센터, 산업변화에 맞춘 일자리 수요 예측, 공공기관 관리·감독 부실, 청년 주거 안정 등의 정책과 사업을 살피고 집행부에 개선 방안 도출과 시정을 요구했다.

또 청년에게 주어야 하는 기회를 재차 강조하고 서울에서 취업을 준비하는 청년과 사회 초년생에게도 경기도 거주 청년으로서 기숙사형 공동생활공간을 제공해야 한다고 강조했다.

노동조건 개선이
산업 발전의 초석이다

노동조건 개선의 두 가지 확실한 효과

　노동생산성을 향상하는 가장 좋은 방법은 노동조건 개선이라는 사실이 국제적으로 입증되었다. 그리고 노동 참사를 막는 가장 강력하고도 지속 가능한 예방 조치이기도 하다. 나는 이런 취지에서 경기도 산업단지 노동자 지원사업 개선을 촉구했다.

　지난 2023년 11월, 나는 경기도경제과학진흥원 행정사무 감사에서 산업단지 노동자 정주 여건 개선 사업 중단과 문제점을 지적하고 개선을 요구했다. 내가 지적한 사업은 산업단지 노동자들의 출퇴근 통근버스를 지원하는 사업으로, 통근버스 사용자들에게 사업 중단에 대한 안내가 충분히 이루어졌는지 의문을 제기하고 사업 종료 후 대안에 대한 논의가 충분히 이뤄졌는지 따져 담당 책임자로부터 "운영 주체인 협회와 시·군과의 소통에 아쉬운 부분이 있었다"는 답을 받아냈다.

한쪽에서는 일할 사람이 부족하다고 말하고 한쪽에서는 일자리가 부족하다고 말한다. 이러한 상황에서도 일자리 담당 부서와 기업 지원 부서 등의 상호 협력이 부족한 상황이다.

이번 사업의 종료는 행정의 편의만 생각한 것이라며, 다시 검토하고 개선할 것을 요구했다.

노동법률상담소는 어디서든 필요하다

일찍이 노동문제에도 관심을 두어온 나는 지난 2022년 8월, 경기도의회 평택상담소에서 경기도의회 경제노동위원회 이용호 의원, 한국노총 평택시지부 송영범 의장 등이 참석한 가운데 평택시 노동법률상담소의 조속한 설치를 위한 정담회를 가졌다.

평택시는 인구 60만과 함께 국가 및 지방산업단지, 공업단지, 항만, 대기업 및 중소기업 등이 자리하고 있는 등 우리나라 경제의 중추적 역할을 담당하고 있다.

또 이곳에서 근무하는 수많은 노동자가 인권 및 복지 등 노동조건 향상을 위한 제도적이고 체계적인 법률서비스 제공이 우선시되어야 하지만, 평택시에는 노동법률상담소가 없어 많은 노동자가 아쉬움을 표했다. 노동자들에게 양질의 법률서비스를 제공하는 노동법률상담소는 어디서든 필요하다. 그 이후로 평택 노동상담소 설치하여 운영 중이다.

07

일상과 재해 현장의 안전 확보 방안 강구

◆ ◆ ◆

노동자의 복지에는 여러 가지가 있겠지만,

노동 일상의 안전이 가장 중요한 복지의 출발이다.

안전 조치 미흡이나 규정 위반으로

노동자의 목숨이 반복적으로 위태로워진다면

그건 이재명 대통령의 언급처럼

고의적인 살인에 가깝다.

노동자의 안전은 회사의 어떤 이익보다 우선이고 귀하다.

일상의 안전이
복지의 출발이다

안전은 아무리 강조해도 지나치지 않다

 노동자의 복지는 다양하겠지만, 노동 일상의 안전이 가장 중요한 복지의 출발이다. 안전 조치 미흡이나 규정 위반으로 노동자의 목숨이 반복적으로 위태로워진다면 그건 이재명 대통령의 언급처럼 고의적인 살인에 가깝다. 노동자의 안전은 회사의 어떤 이익보다 우선이고 귀하다. 노동자를 그저 생산의 도구로만 생각하지 않고서는 같은 작업장의 같은 작업 공정에서 노동자가 반복해서 사망하는 일은 절대 일어날 수 없다.

 이처럼 산업 현장의 안전도 중요하지만, 사회 전 분야의 안전도 어느 것 하나 덜 중요하지는 않다. 특히 사고가 난 다음의 응급조치는 사람의 생명을 살린다는 측면에서 사고 예방만큼이나 중요하다.

 나는 지난 2023년 6월, 평택소방서를 방문, 평택 용이초등학교 학부모들과 심폐소생술(CPR) 교육을 시행했다. 이번 교육은

평택소방서 방문

심정지 환자나 응급 환자가 발생했을 시 응급처치 대처 능력 향상 취지에서 시행됐다.

불의의 사고에서 가족과 이웃의 소중한 생명을 살리기 위해 응급처치 교육을 폭넓게 확대해야 한다.

그리고 일선 소방서에서는 사회적 약자에 대한 안전 교육과 스프링클러 설치, 노후 완강기 교체 등 안전 강화를 위해 조치할 일이 많다. 나는 행정사무 감사를 통해 건물이 노후화되어 스프링클러가 설치되지 않는 등 소방 안전시설에 문제가 있는 경우를 지적하고 철저히 점검하여 안전 규정에 부합하도록 개선할 것을 요청했다.

도민과 함께하는 삶, 소통하는 정치

나는 이런 안전 조치에 관한 사항뿐 아니라 도정 전 분야에 걸쳐 도민과 함께하는 삶, 소통하는 정치를 하고자 진력해 왔다. 엄마의 마음으로 모든 것을 품을 수 있는 의정활동을 하겠다고 다짐하고, 그 다짐을 지키기 위해 애썼다. 엄마는 모든 것을 품는 사람이다. 아이들을 비롯해 지역 주민, 경기도민을 따뜻한 마음으로 품고, 그분들과 함께 살고 소통하면서 정치를 하려고 노력하는 그 마음이 바로 엄마 마음이다.

나는 안전 행정위원회 위원으로 활동할 때는 이천 쿠팡 물류센터 화재 발생 등 어려운 여건 속에 근무하는 소방공무원들의 처우 개선, 예산 증액을 가장 중점에 두고 의정활동을 펼쳤다. 소방공무원은 물론 의용소방대 대원들도 어떤 대가를 바라지 않고 지역사회를 위해 봉사하시는 분들이다.

현재 소방 안전 환경에서 가장 큰 문제는 인력 부족이다. 코로나 사태와 같은 비상시에는 2인 1조 2교대 근무를 하며 극심한 업무 스트레스를 받는다. 그래서 나는 행정감사를 통해 2인 1조 3교대로 업무 환경이 개선되도록 대안을 제시했다.

엄마 마음으로 펼치는 의정활동

　최근 들어 전기차가 충전 중에 불이 나는 사고가 이어지고 있어 충전소 설치에 관한 안전 문제가 커지고 있다. 특히 아이들이 공부하는 학교 내 전기차 충전소 설치는 예민한 문제로, 안전을 최우선으로 삼아 설치 여부를 결정해야 할 것이다.

　나는 지난 2025년 3월, 경기도 첨단 모빌리티 산업 관련 정담회에서 학교 내 전기차 충전소 설치와 관련하여 도민의 안전, 특히 어린이의 안전을 최우선으로 고려할 것을 요청했다. 내가 최근 학교 내 전기차 충전소 설치에 대해 우려한 것은 학교 내

충전소 설치를 제한하는 조례안 발의 배경과 맞닿아 있다.

　전기차 보급 확대와 충전 인프라 확충의 필요성에는 공감하지만, 학교는 어린 학생들이 주로 생활하는 공간이므로 안전 우려가 크다. 특히 화재 발생 시 대처 능력이 미숙한 어린 학생들의 안전을 걱정하는 학부모의 심정에 깊이 공감했다.

　인구 100만 이상의 도시가 많은 경기도는 서울과 마찬가지로 도심지에 학교가 밀집되어 있어, 학교 대지가 넓은 지역과는 상황이 다르다. 좁은 공간에 충전소를 설치할 경우, 만에 하나 발생할 수 있는 사고의 위험성을 간과할 수 없다.

　공직자가 도민을 위해 일한다면, 도민의 입장이 가장 중요하다. 집행부가 도민의 안전 우려를 해소하는 노력을 기울여야 한다. 또 학교 내 충전소 설치는 개방을 전제로 하는데, 현실적으로 학교는 보안 문제로 개방을 꺼리는 경우가 많다. 그러므로 학교 내 충전소 설치는 안전도 문제지만 실효성에도 의문이 있다.

　평택시청만 해도 지하 주차장에 직원 전용 외에는 충전소가 거의 없고, 외부에만 몇 대 설치되어 있다. 관공서에도 충분히 설치되지 않은 충전소를 학교에 강요하는 것은 문제가 있다. 학교보다는 공공기관 주차장 등에 충전소를 우선 확충하고, 야간에는 주민에게 개방하는 방안을 모색해야 한다.

　집행부와 교육청 그리고 도민의 의견을 충분히 수렴하여 최선의 방안을 찾을 것이다. 이를 위해 집행부도 무조건 안 된다고 할 게 아니라, 안전을 확보하면서도 전기차 보급을 확대할 방안을 함께 고민해야 한다.

119 안전 시스템 확충으로
안전 사회 구현

도민의 안전을 지키는 119 안전센터 확충

　도내 119 안전센터 확충은 도민의 안전을 돌보는 시급한 도정 과제다. 이에 도의회도 신축사업 현장을 점검하는 등 다방면으로 지원하고 나섰다.

　지난 2022년 11월, 나는 평택 세교 119 안전센터 신축사업 현장을 점검하고 관계자를 격려했다. 평택 세교지구는 도시개발과 인구 증가로 소방 수요가 급증하고 있으나 소방 인프라가 부족해 화재 등 긴급상황 발생 시 신속한 대응이 어려운 소방 서비스 사각지대였다.

　그래서 나는 일찍이 세교 119 안전센터 설립의 필요성을 제기하고 조속히 착공될 수 있도록 지속적인 관심을 표명했다. 그 결실을 본 것이다.

　최근 대규모 참사와 재난 및 화재, 안전사고 발생 시 골든타임의 중요성과 재난 대응시스템 운영의 필요성에 관심이 집중되고 있다. 세교 119 안전센터는 세교지구 내 소방 현장 대응력을 강화하고 도민의 안전과 재산을 지키는 인프라 배가의 한 축을 담당할 것이다.

이런 시설 못지않게 중요한 것이 소방 인력의 전문성과 경험이다. 그런 의미에서 나는 지난 2025년 6월, 나는 정례회 5분 자유발언을 통해 지난 정부에서 단행된 경기도소방재난본부장 인사에 대해 깊은 우려를 표명했다. 이번 인사는 부당성 논란이 제기되고 무리하게 강행된 정황이 있어, 조직 내 신뢰와 균형을 심각하게 훼손할 우려가 크다고 지적한 것이다.

**도민의 생명과 안전을 책임지는
핵심 기관의 인사는
정치가 아닌 원칙과 공정성에
기반해야 하는 것은
원칙 이전에 상식이다.**

비록 경기도가 인사권을 직접 갖고 있지 않더라도, 도민 안전의 책임을 진 지방정부로서는 중앙정부에 분명한 의사를 전달하고 제도 개선을 단호하게 촉구할 것을 요구했다. 정권 말기 졸속 인사나 정치적 외압이 개입된 인사는 반드시 바로잡아야 한다고 강력하게 요구한 것이다.

발로 뛰는 의정활동의 본보기

나는 소방 안전을 위한 의정활동도 책상에 앉아서 하기보다는 발로 뛰는 의정활동의 본보기를 보였다. 지난 2020년 12월, 코로나 대응에 고생이 많은 평택소방서를 격려 방문한 것도 그런 활동의 하나다.

또 소방학교를 방문하여 20년 넘은 노후 장비가 40% 이상이나 되는 현실을 파악하고 '1990년대에 만들어진 장비로 교육받은 교육생이 최신 장비가 사용되는 현장에서 임무를 잘 수행할 수 있다고 보기는 어렵다'는 점을 지적했다.

또 이어진 소방재난본부 행정사무 감사에서 의용소방대원의 30%가 6개월 이내에 그만두는 점을 지적했다. 의용소방대원 사직률이 높아지면, 피복 지원 등의 예산이 낭비될 수도 있으니, 일정 기간 복무 후 피복을 지급하는 방안 등을 제안했다.

나는 지난 2020년 11월, 화성·과천·파주·김포 소방서를 대상으로 한 행정사무 감사에서 자신의 이익만 고려한 대기업의 화학·화재 사고 무방비를 지적하고, 소방관서의 적절한 대처를 주문했다.

파주소방서에서는 출판단지 내 쇼핑몰에서 건물마다 연결된 지하 소방 대피로에 쓰레기를 쌓아두고 화재 감지기를 제거해 사실상 화재 무방비 상태였다며, 소방서가 이런 사실을 알고도 방치한 것은 직무 유기라고 지적했다.

김포소방서 행정사무 감사에서는 7분 이내 현장 출동 비율이 약 37%로 절반에도 미치지 못한다며, 소방서 출동 도로의 정체 등으로 출동 시간이 지연되는 것이라면 소방본부, 김포시 등과 협의해 별도의 출동 통로를 마련하는 등 적극적인 조치를 마련하기 위해 노력해달라고 요청했다.

재향 소방동우회 육성 및 지원

군 출신들이 만든 재향군인회가 있듯이 소방대원 출신들이 만든 재향 소방동우회가 있다. 대형 산불 같은 대규모 재난이 닥치면 정규 소방대원만으로는 대처하기가 벅차다. 이럴 때마다 재향 소방동우회가 큰 역할을 한다. 재난 대처 예비군인 셈이다.

지난 2022년 6월, 내가 발의한 '경기도 재향 소방동우회 육성 및 지원에 관한 조례안'이 통과되었다.

본 조례안은 경기도에서 근무하다 퇴직한 소방공무원들이 지역사회의 안전과 공익을 위해 봉사할 수 있도록 '대한민국재향소방동우회법'에 의거하여 경기도 재향 소방동우회를 육성하고 지원하는 것을 목적으로 한다.

세부 내용으로는 동우회 활동 목적과 정치적 중립 등 의무, 정관과 재정 등 운영에 대한 사항이 담겼으며, 경기도의 보조금 지원 근거가 규정되어 있다. 또 회원 복리 증진뿐만 아니라 도민 소방 안전 의식 함양 및 고취, 소방 안전 및 화재 예방 등 경기도의 안전 강화를 위한 사업을 하도록 하였다.

재난 안전 분야는 오랜 시간 축적된 현장에서 몸으로 익힌 경험과 지식이 매우 중요한 자산이다. 퇴직 소방공무원들의 소방 현장 활동 경험과 지식을 지역사회에 공유함으로써 경기도 소방의 선진화와 도민의 안전 향상에 도움이 될 것이다.

나는 이전에 이미 일선 소방서를 방문하여 의용소방대 활성화 방안 등의 토론회를 가졌다. 지난 2021년 5월에는 평택소방서를 찾아 코로나 대응 및 시민 안전을 위한 의용소방대 활성화 방안 수렴 등 토론회를 진행했다. 토론회에서 논의된 제안을 바탕으로 정책 입안과 장비 및 물품 보급 등 지원 확보를 위해 노력해왔다.

08

예산 심의 및 결산에 관한 의정활동

◆ ◆ ◆

사업의 집행률과 성과를 보는 것도 중요하지만,

내실을 다지기 위해 개선이 이루어져야 한다.

이를 통해 지속 가능한 성과를 이뤄내고,

사업 추진 시 발생하는 비효율이나 문제점을

사전에 인지하여 대응해야 한다.

이러한 노력과 정성이 있어야 사업의 지속 가능한

성장 가능성을 높일 수 있다.

예산 확보 없는 정책은 공염불이다

••• 예산의 효율적인 운용과 사후 관리

 공허한 말 잔치 가운데 대표적인 게 선거철 정치인의 공약이다. 대선이든 총선이든 지방선거든 그야말로 공약이 봇물로 쏟아진다. 대선의 경우 각 후보가 쏟아낸 공약을 다 실행하자면 우리나라 연 예산 전체를 다 부어도 부족할 지경이다. 예산 확보 계획 없는 공약은 그야말로 '빌 공' 자 공약(空約)일 수밖에 없다.

중앙정부든 지방정부든 정책을
수행하려면 예산이 있어야 한다.
사람 몸으로 치면 예산은 피다.
예산은 확보도 중요하지만, 그에 못지않게
효율적인 운용과 사후 관리도 중요하다.

지난 2024년 6월, 내가 속한 경기도의회 경제노동위원회는 '2023년 결산 심의'를 진행했다. 나는 이 자리에서 경기도 경제실을 상대로 관행적인 사업 목표 설정에 따른 예산 과다 책정을 지적했다.

경기도가 허리띠를 졸라매고 감액 추경을 진행한 만큼, 작은 예산이라도 불용되지 않도록 신중하게 집행할 것을 요청했다. 정책사업을 성공적으로 완수하려면 꼼꼼한 계획과 목표 설정이 필수적이며, 예산 책정 시 목표에 맞는 자원을 적절히 할당할 것을 당부했다. 덧붙여 사업이 끝난 후에도 사후 관리를 통해 지속적인 모니터링을 시행하고, 사업의 영향을 평가하여 발전 방향을 모색하고 개선안을 마련해야 한다고 제안했다.

사업의 집행률과 성과를 보는 것도 중요하지만, 내실을 다지기 위해 개선이 이루어져야 한다. 이를 통해 지속 가능한 성과를 이뤄내고, 사업 추진 시 발생하는 비효율이나 문제점을 사전에 인지하여 대응해야 한다. 이러한 노력과 정성이 있어야 사업의 지속 가능한 성장 가능성을 높일 수 있다.

투명하고 공정한 예산의 집행

공공기관 예산의 집행은 투명성과 공정성을 생명으로 삼는다. 그래서 외주 업체를 선정할 때 공개 입찰제도를 도입했다. 그전에는 모든 외주 업체를 수의계약에 따라 선정한 나머지 깜깜이 예산 집행으로 부정부패의 고리가 되기도 했다. 지금은 일정 금액 이상은 모두 공개입찰로 외주 업체를 선정해야 한다. 특수한 조건이 없는 한 물품과 용역은 수주 금액 2,000만 원까지만 수의계약이 가능하다.

나는 지난 2024년 11월, 경기도경제과학진흥원(경과원)을 대상으로 실시한 행정사무 감사에서 AI국에 이어 한국평가데이터(주)와 반복하여 체결한 고액 수의계약 문제를 질타하고, 경과원 평택출장소 확대를 주문했다.

경과원이 제출한 자료에 따르면, 최근 3년간 한국평가데이터(주)와 체결한 4건의 용역 계약 중 1건을 제외한 3건이 재공고에 의한 수의계약이다. 지역경제 빅데이터 플랫폼 운영 용역의 경우 금액이 3억 7,500만 원에 이르는데, 이를 한 번 유찰됐다고 수의계약으로 체결했다는 것은 이해하기 어렵다.

또 만일 업체의 대체 불가능한 전문성 등으로 인해 수의계약이 불가피한 상황이라면, 공개입찰에 준하는 엄격한 평가와 투명한 수의계약 사유 공개 등을 통해 경과원과 참여기업에 대한 도민의 신뢰를 확보해야 한다고 강조했다.

반도체, 첨단 모빌리티 등 관련 중소기업이 평택, 화성 등지에 밀집해 있는데, 경과원 남부권역센터는 안성에 있어 너무 멀고 평택출장소는 직원이 단 3명에 불과해 지역 기업인들의 불편이 크다. 나는 행정 효율화를 위해 제안한 공공기관 종합거점센터 설치가 어렵다고만 하지 말고, 평택출장소 확대 등 대책을 세워야 한다고 당부했다.

예산 확보 다음 과제는
예산의 효율적 운영

예산의 효율적 사용은 공공기관부터

나는 지난 2023년 7월, 임시회 5분 자유발언을 통해 도민 중심의 서비스 제공과 행정력·재정력 절감을 위해 공공기관 종합거점센터를 설치 운영을 도지사에게 제안했다.

경기도의 공공기관이 각각 지역별·권역별 센터(지점)를 설치하고 있는 바, 임대료 등으로 인한 경기도와 공공기관에 행정적·재정적 부담을 주고 있다고 지적했다. 이어서 각각 운영되는 센터들을 기능별로 한 공간에 모아서 도민들에게 원스톱 서비스를 제공하여 대민서비스의 질을 높여야 한다고 주장했다.

그러면서 나는 경기도경제과학진흥원, 경기신용보증재단, 경기도시장상권진흥원의 대민서비스를 묶는 종합거점센터 설치를 예로 들었다.

위 기관들은 중소기업과 소상공인의 경영 활성화를 위한 서비스를 제공하는 기관으로서 경영 활동에 어려움을 겪는 기업과 소상공인이 한곳에서 대민 행정서비스를 받게 하여 여러 기관을 돌아다니는 번잡한 행정 처리를 간소화하고 원스톱 서비스를 가능하게 해 대민서비스의 질을 높이고, 기관별로 지점을 운영하면서 발생하는 임대료 등의 재정 지출을 줄이는 효과를 가져올 수 있다.

나는 이런 정책을 수행하기에 앞서 도지사에게 경기도 공공기관이 운영하는 지점 및 센터를 기능별로 묶을 수 있는지 전수조사하고 지점별 최적의 조합, 최적의 위치 등을 포함하여 통합 가능한 지점을 종합거점센터로 운영할 방안 마련을 촉구했다.

경기도는 28개의 공공기관을 설치·운영하고 있는데, 경기관광공사, 경기신용보증재단, 경기문화재단, 경기도경제과학진흥원, 한국도자재단, 경기도일자리재단, 경기도시장상권진흥원 등은 본점 외의 권역별, 시·군별 지점이 있다.

사업 전 분야에 걸친 예산 결산 심사

 구체적으로는 FTA 활용 지원사업, 경기도 홍보 부스 운영, 만족도 조사, 지페어 코리아 사업 등에 대한 문제점을 지적하고 개선을 요구했다. FTA 활용 지원사업과 관련해서는 공기관 대행 사업의 만족도 조사가 아직 완료되지 않아 통합 정책에 반영되지 못한 점을 지적했다.

 또 시·군 통합 시장 개척단 등 경기도 지원 행사에 경기도 홍보 부스가 마련되지 않은 점을 지적하며, 경기도에서 예산을 지원했으면 당연히 경기도 홍보 부스를 설치해야 한다고 강조했다.

 나는 또 탄소 중립 북유럽 통상 촉진단 등 일부 사업의 만족도가 낮은 점을 지적하며, 낮은 만족도를 표기하는 것이 어떤 의미인지, 정직하게 평가한 기업들이 불이익을 받지는 않을지 우려했다. 또 사업 만족도 등 정보를 미래 성장국 등 관련 실·국과 공유하고 논의하는지를 질의했다.

 지페어 코리아 사업과 관련해서는, 2024년도 바이어 참여가 전년 대비 감소한 점을 지적하며 그 이유를 질의하여 당국으로부터 예산 감액으로 인해 홍보가 부족했다는 대답을 끌어냈다. 이에 제반 요건을 검토하고 효율성을 평가하여 합리적인 행사를 추진할 것을 촉구했다.

끝으로 나는 경기도 수출 기업 바우처 사업에 법 위반 기업이 참여할 경우 구제할 방법을 질의했다. 이에 당국은 사업자 대상 선정심의위원회에서 법 위반 제재를 받은 기업을 심사하고 있으며, 경미한 사안의 경우 구제해준 사례가 있다고 답변했다. 법 위반 기업에 대한 경중을 따질 조례를 준비 중이던 나는 과도한 제재를 지양할 것을 주문했다.

연구 용역의 품질을 높이기 위한 방안 강구

나는 예산의 효율적 집행뿐 아니라 외주 용역의 품질을 따져 예산의 생산성을 높일 것을 촉구했다. 지난 2021년 7월, 내가 대표 발의한 '경기도 학술용역심의위원회 설치 및 운영에 관한 조례 전부 개정 조례안'이 통과되었다.

이 개정안은 경기도 정책개발 및 조사·연구를 위해 추진되는 학술 용역을 정책 연구용역으로 명칭을 변경하고 그에 따른 위원회 명칭 변경, 위원회 심의 및 제외 대상 재정비, 위원회 심의 기능 보완, 재심의 사항의 신설, 결과 평가제도 신설 등의 내용을 담았다.

구체적인 내용을 살펴보면, 정책개발을 위한 연구용역 명칭을 '학술 용역'에서 중앙부처와 같이 '정책 연구용역'으로 변경하고 위원회명도 '정책 연구용역 심의위원회'로 변경하며, 모든 정책 연구용역을 위원회 심의 대상으로 삼되 국비 등으로 수행하는 용역, 기술용역·전산·임상 연구, 1,000만 원 이하의 용역 등을 심의 제외 대상으로 규정하였다.

그리고 위원회의 심의 기능을 보강하여 위원회가 정책 연구용역의 필요성 및 타당성을 심의하는 데서 나아가 유사·중복성, 용역 결과 평가, 용역 결과 활용에 대한 사항에 대해서도 심의하게 함으로써 예산 집행의 효율성을 높이고 용역 결과의 질 관리, 정책 수립과의 연계 등이 쉽게 이루어지도록 하였다.

또 위원회의 보류 결정을 받거나 연구용역의 주요 내용이 바뀐 경우, 용역비 또는 용역 기간 100분의 30 이상 증감된 경우에 위원회의 재심의를 받도록 하여 연구용역의 타당성 제고와 심의의 실질적 효과를 도모하도록 하였고, 용역의 품질 향상을 위해 정책 연구용역 결과에 대한 평가제도를 신설하고 국민권익위원회 권고사항을 반영하여 연구 윤리 확보를 위해 연구 부정행위에 대해 판정할 수 있도록 하였다.

다만, 심의의 효율성을 높이기 위해 구성되는 소위원회의 의결을 위원회 의결로 간주하는 부분과 1,000만 원 이하의 용역은 심의에서 제외하는 부분은 그 필요성이 미약하여 삭제하는 것으로 수정 가결되었다.

도의 적절한 정책 수립은 도민의 세금과 복리와 직결되어 있다. 정책 수립에 영향을 끼치는 연구용역이 그 필요성이나 타당성 부족한 상태에서 제안되는 경우가 많고 위원회 심의가 형식적으로 이루어지는 것을 방지할 필요성이 크다는 생각에서 이 개정안을 발의하였다.

평택의 역사와 현실
그리고 미래 비전

원주민의 희생을 빼놓고는 평택시 발전을 논할 수 없다. 지난 2003년 한미 당국은 서울 용산 미군기지를 조기 이전하기로 합의하고, 이듬해 '용산기지이전협정'을 체결했다. 이후 미군기지 부지에 수용된 팽성읍 대추리·도두리와 서탄면 황구지리 주민, 시민 활동가들은 격렬히 저항했다. 하루아침에 평생을 지켜온 삶의 터전을 빼앗기게 된 주민들은 분노했다. 하지만 국가권력 앞에서 속수무책인 주민들은 결국 고향을 떠났다.

01

평택의 역사와 환경

◆ ◆ ◆

평택시 팽성읍 일대는 조선시대 평택현 지역이다.

지금의 팽성읍행정복지센터는 평택현의 관아가 있던 곳으로,

400년 묵은 향나무가 그 역사를 말해준다.

관아 주변으로 형성된 객사, 부용산의 농성 등 유서 깊은

유적지가 평택의 아름다움을 더한다.

평택은 지명 그대로 드넓은 벌판이다.

1973년 아산만방조제가 들어서기 전까지는 벌판이 갯벌이었다.

대동법의
애민 정신

● ● ●

평택시 팽성읍 일대는 조선시대 평택현 지역이다. 지금의 팽성읍행정복지센터는 평택현의 관아가 있던 곳으로, 400년 묵은 향나무가 그 역사를 말해준다. 관아 주변으로 형성된 객사, 부용산의 농성 등 유서 깊은 유적지가 평택의 아름다움을 더한다.

평택은 지명 그대로 드넓은 벌판이다. 1973년 아산만방조제가 들어서기 전까지는 벌판이 갯벌이었다.

드넓은 소사벌을 지나면 흐르는 작은 내가 소사천이고, 가던 걸음을 멈춰 세우는 소사교가 놓여 있다. 조일전쟁 때는 이곳에서 전투가 벌어져 조명연합군이 크게 이기니 소사벌 대첩이다. 〈선조 수정 실록〉에 기록되어 전한다. 그로부터 300년 후에는 이곳도 청일전쟁의 전장이 되었는데, 일본군이 승리하면서 조선에서의 형세가 일본으로 급격하게 기울었다. 소사교를 넘으면 이른바 '대동법시행기념비'로 향하는 길이 이어진다. 대동법시행기념비의 정식 명칭은 '김육대동균역만세불망비'다.

대동법은 공물의 폐단을 혁파하고자 시행한 조선시대의 조세

개혁으로, 양반들의 반대가 격렬했다. 특산물을 바치는 백성들의 공물 부담이 감당할 수 없을 정도로 커지자 쌀로 징수하자는 게 대동법이다. 양반사회의 반대로 좌초된 대동법은 조일전쟁을 겪은 후에 시범이나마 경기도에서 시행할 수 있었다. 온 나라가 폐허가 되어 백성들이 공물을 낼 수 없는 상황이 된 때문이다.

 김육은 인조 때 삼남(영남·호남·호서)에도 대동법을 시행하자고 강력하게 주장했다. 기득권 세력이 반대했지만, 김육의 끈질긴 노력으로 삼남의 일부(호서)에서나마 대동법이 시행되었다. 김육 덕분에 공물 부담을 크게 던 호서(충청도) 백성들은 그의 은혜를 잊지 않았다. 김육은 자기가 죽으면 가족에게 절대 부조를 받지 말라 유언하고, 가족은 그대로 따랐다. 어떻게든 은혜를 갚고 싶던 호서 백성들은 그의 덕을 기리는 비를 세우고자 조정에 건의하여 허락을 받았다. 비를 세우니 '김육대동균역만세불망비'다. 당시 평택은 충청도에 속했다.

 조선시대에는 평택의 하천이 감조하천이라 바닷물이 들어왔으므로 사실상 바다였다. 아산만 방조제가 들어서기 전까지는 평택 한복판인 오늘날의 군문교(옛 군물포) 근처는 물론 팽성 아래 아산 둔포와 천안 성환에도 동네 앞까지 배가 들락날락하던 곳이라 포(浦)로 불렸다.

평택의 유래와
사회환경

∴

평택(平澤)은 '평평한 연못'이라는 뜻이다. 시 대부분이 평야와 낮은 구릉으로 이루어져 큰 산이 없다. 평택에서 가장 높은 무봉산이 해발 208m로, 뒷동산 수준이다.

경기도 서남부에 자리한 평택은 동쪽으로 안성, 동북쪽으로 용인, 서쪽으로 충남 당진, 남쪽으로 충남 아산과 천안, 북쪽으로 화성과 오산에 접했다.

평택은 1995년 평택시와 송탄시 그리고 평택군이 통합된 도농복합도시다. 같은 평택에 살지만, 여전히 출신 지역에 따라 평택 사람, 송탄 사람, 안중 사람이라 부르며 남부, 북부, 서부 권역으로 나누는 흥미로운 지역이기도 하다. 평택읍이 1986년에 시로 승격되어 군에서 분리되고, 안중읍이 평택군 소재지가 되었다. 안중 사람이란 평택군 사람을 가리킨다.

해외 주둔 미군 기지 중 단일 기지로는 세계 최대 규모인 캠프 험프리스(평택 미군 기지)와 송탄 쪽에 자리한 오산 공군기지가 있다. 이 밖에도 대한민국 해군의 제2함대사령부가 있다. 항

구도시 평택은 물류기지이지만, 군사기지이기도 하다.

2025년 4월, 평택의 주민등록 인구가 60만 명을 넘어섰다. 이로써 2011년 1월부터 2023년 7월까지 150개월 연속 인구 증가 기록을 달성했다. 인구 유입의 가장 큰 요소는 평택 고덕에 대규모 반도체 클러스터를 구축하는 삼성전자의 투자다. 덕분에 전국에서 젊은층이 몰려드는 중이다.

평택의 주민등록상 인구는 이제 막 60만 명을 넘겼지만, 실제 거주인구는 70만 명을 바라본다. 등록 외국인 3만여 명, 외국 국적 동포 1만 3,000여 명, 미군 및 그 가족과 관련 업무 종사자 5만여 명까지 합하면 평택의 실제 인구는 70만에 이른다.

현재 평택의 취약한 정치·사회·경제 구조로 인해 행정집행부가 사업상 우위를 갖고 강력한 집행기관의 권한을 행사한다. 그럴수록 지방의회의 위상이 위축되어 실질적인 감시와 통제에 어려움을 겪게 된다. 이는 자칫 행정 권력과 의회 권력의 갈등으로 치달을 수도 있다. 그러므로 평택의 문제와 현안을 해결하는 데는 다른 지자체와는 차별화된 새로운 방식과 역할이 요청된다.

지방의회는 민주적이고 효율적인 시정 운영을 위해 애쓰지만, 구조적 문제에 갇힌 행정집행부는 좀처럼 도약의 전기를 마련하지 못한다. 시민의식은 사회 문제에 소극적이며 직접 참여와 행동을 주저하는 성향이 있어 민과 관의 소통도 그다지 활발하지 못하다. 이런 부조화 상태를 정치철학자 낸시 프레이저의 표현을 빌리면 "낡은 것은 가고 새것은 아직 오지 않은 상태"다. 일종의 과도기로 잘하면 기회일 수도 있지만, 위기가 더 가까운 상태다.

그렇다고 지레 실망할 필요는 없다.

모든 기회는 위기 속에서 태어나
위기를 먹고 자라 마침내 위기를
뛰어넘음으로써 새로운 기회가 된다.

02

평택의 산업과 교육

◆ ◆ ◆

저출산의 영향으로 대개 저연령층으로 갈수록 인구 비율이
감소하는데, 평택은 고등학생보다 중학생이 더 많고,
중학생보다 초등학생이 훨씬 더 많은
특수한 교육환경에 처해 있다.
이는 신도심에는 인구가 몰리는 반면 구도심에는
인구가 빠져나가는 지역 내 인구 이동과
급격한 외부 유입의 영향으로 보인다.

새로운 전기를 맞은
평택의 산업

● ● ●

평택은 안성평야의 한 지역으로 일찍이 농업이 성했지만, 점차 공업 비중이 증가하다가 삼성전자를 비롯한 대기업의 투자로 급격하게 공업 도시로 변모하고 있다.

고덕국제신도시 고덕산업단지에는 대규모 삼성전자 반도체 생산공장이 가동 중이다. 삼성전자는 2012년부터 평택 392만 7,912㎡ 부지에 6개의 반도체 공장을 짓기 위한 공사를 진행하고 있다. 현재 1~4기까지 완공하고 5기를 건설 중이다. 삼성전자는 평택캠퍼스 증설에 120조 원을 투자하고, 현재 고대역폭메모리(HBM) 공급 라인 확대를 위한 평택캠퍼스 내 추가 라인 증설도 검토되고 있다.

칠괴산업단지에 대한민국 자동차기업 KG모빌리티의 본사와 연구소, 자동차 생산공장이 있으며 SUV와 픽업트럭을 생산하는 2기의 라인을 가동하고 있다.

오산시와의 경계에 LG전자 디지털파크가 있는데, 스마트폰 생산공장이 베트남으로 옮겨갔다. SK그룹의 반도체 계열사인 SK엔펄스의 본사가 삼성전자 평택캠퍼스 인근에 있다.

유명 의자 회사인 시디즈의 본사가 세교동 산업단지에 있고, 서평택에는 평택항과 포승국가산업단지가 있다. 평택항은 국내 항만 물동량 5위이며, 자동차 수출입 선적으로는 국내 최대 물동량을 담당한다. 개항 40주년을 앞둔 평택항은 항구의 규모나 물동량은 많지만, 평택항이 지역 발전에 끼치는 영향력은 제한적이어서 배후지인 포승읍은 여전히 낙후되어 있다. 넓은 지역에 인구 밀도도 대단히 낮고 거주지나 상권도 미미한 편이다. 다른 지역과 점점 더 격차가 벌어지는 서부 지역의 균형 발전은 평택이 가진 고민이자 과제로 남아 있다.

주한미군이 대규모로 주둔하는 송탄의 미군 공군기지와 팽성읍의 캠프 험프리스에는 상업지역이 형성되었다. 그전에 기지촌에서 희생한 분들이 거주하면서 햇살복지회를 구성하여 박물관 운영 등 다양한 프로그램을 통해 함께 활동하고 있다. 서울을 비롯한 수도권에 퍼져 있는 미군 부대를 통합해 운용한다는 방침에 따라 주한미군 기지들이 이곳 평택의 캠프 험프리스로 이전하여 미군과 그 가족 그리고 관련 업무 종사자가 5만여 명에 달해 그로 인한 경제 유발 효과는 연간 5,000억 원에 이른다.

평택에는 또 '한국형 실리콘밸리'로 평가되는 브레인시티가 조성되고 있다. 경기도 최대 규모의 4차산업 첨단 AI 도시로, 1만 8,000가구에 달하는 대규모 주거단지도 들어설 예정이어서 향후 수도권 대표 자족도시가 될 전망이다. 브레인시티 내에는 세계 일류의 반도체 캠퍼스로 조성되는 카이스트 평택 캠퍼스가 오는 2029년 개교 예정이다. 인근에 들어서는 세계 최대 규모의 삼성전자 반도체 생산시설과 연계를 통해 매머드급 반도체 클러스터를 형성하게 될 것으로 보인다.

반도체의 도시 평택시는 수소 경제의 중심으로도 거듭나고 있다. 수소 항만과 수소 특화단지, 수소 도시가 융합된 평택시만의 수소복합 지구를 목표로 한다.

인근 LNG 인수기지에서 들여온 수소를 항만, 산업, 도시의 에너지원으로 활용하여 평택시는 명실상부한 수소의 메카로 수소 산업을 선도하는 포지션에 근접해가고 있다.

평택시의 수소 경쟁력은 포승읍 일대의 LNG 인수기지에서 나온다. 이 천연가스를 원료로 수소를 생산하거나 기존의 LNG

인프라를 활용해 해외로부터 수소를 들여올 최적의 입지가 평택이다.

나는 일찍이 수소 경제의 가능성을 내다보고 의정활동 내내 반도체, 모빌리티와 더불어 수소 산업 육성을 촉구하고 지원해 왔다. 평택시는 2020년 경기도 최초로 공공형 수소충전소를 준공하면서 수소 도시를 향한 첫발을 내디뎠다. 현재 평택시는 경기도에서 가장 많은 5개의 수소충전소를 운영한다. 2028년까지 10개의 충전소를 더 구축하고, 평택시가 운영 중인 시내버스 400대를 모두 수소·전기버스로 전환할 계획이다.

평택시의 수소 메카 비전은 모빌리티를 넘어 전 산업과 항만 등의 영역으로 확대될 것이다. 평택항에 상용차 충전시설을 갖춘 수소 교통 복합기지를 구축한 뒤 물류 트럭, 트레일러, 하역 장비 등 평택항 내 모빌리티 장비부터 수소로 전환해가고 있는데, 정부가 구상 중인 수소 항만의 본보기를 보인 셈이다.

수소 산업 관련 인프라도 확충하고 있다. 평택 LNG 인수기지 인근에 조성된 수소 특화단지 내에서는 2022년 8월부터 가동하기 시작한 수소 생산기지에서 하루 약 7톤의 수소를 생산한다. 여기에 평택시는 오는 2025년까지 거점형 수소 생산시설, 액화수소 생산시설, 탄소 포집·활용(CCU) 사업, 수소연료전지 발전 사업 등으로 구성된 수소 특화단지를 완성할 계획이다.

평택 수소 생산기지에서 생산된 수소를 항만과 수소 특화단지 등에 실어 나르려면 수소 배관망의 구축은 필수다. 평택시의 자체 수요뿐 아니라 액화 과정을 거쳐 수도권으로 유통해야 하기 때문이다. 평택시는 15km 길이의 배관망을 구축할 계획이다. 평택의 남은 목표는 현재까지 구축된 수소 인프라를 활용해 수소 도시를 건설하는 것이다.

인구 증가를
못 따라가는 교육환경

• • •

평택은 최근 30년간 인구가 두 배나 늘어난 몇 안 되는 도시 중 하나다. 특히 2020년대 들어서 인구가 급증했는데, 그러잖아도 포화 상태에 가깝던 교육환경이 더욱 심각한 지경에 빠졌다.

아파트 단지에 둘러싸인 평택의 중학교는 웬만하면 학급 수가 10학급이 넘고 학급당 학생 수도 30명이 기본이다. 고등학교는 이미 2023학년도부터 일반계 학교들이 학급당 33명까지 수용해야 하는 과밀한 상황에 놓였다. 학급당 학생 수가 많기로도 경기도에서 몇 손가락에 든다.

중학교는 그나마 서둘러 과밀 완화에 나서 사정이 점차 나아지고 있지만, 고등학교는 아직 해결의 실마리를 찾지 못하고 있다. 신설되는 고등학교가 모두 적정 규모에 훨씬 못 미치는 규모인 것도 문제의 하나다.

이런 식의 정책이 계속되면 향후 고도산업단지 지역 내 학생 증가에 대응할 수 없게 된다.

평택시가 2023년 브랜드 평판 1위를 차지한 데는 국내 최초

수소 화물차 상용화 성공으로 전국적인 관심을 불러일으킨 바가 컸다. 수소 경제 생태계, 반도체 특화지구 조성사업 등으로 평택시의 인구가 단기간에 크게 늘면서 교육환경에도 급격한 변화가 요구되고 있다.

저출산의 영향으로 대개 저 연령층으로 갈수록 인구 비율이 감소하는데, 평택은 고등학생보다 중학생이 더 많고, 중학생보다 초등학생이 훨씬 더 많은 특수한 교육환경에 처해 있다. 이는 신도심에는 인구가 몰리는 반면 구도심에는 인구가 빠져나가는 지역 내 인구 이동과 급격한 외부 유입의 영향으로 보인다.

평택은 지역 간 교육 격차가 크고, 교육 인프라도 매우 부족하다. 특히 서부지역 중학생들은 고교에 진학할 때 남부, 북부 학교로 지원해야 한다. 서부 지역의 학교 인프라가 열악하기 때문이다. 이런 격차나 인프라 문제 해결은 공교육에서 담당해야 한다.

학교는 아이들이 즐겁게 배우고
안전하게 놀 수 있는 터전이어야 한다.
학교 설립 요건이 일부 미비하다는
것만으로 설립을 미루거나,
학교 설립이 시급한 곳인데도
학교 용지 폐지를 운운하는 일들이
벌어진다.

03

평택의 도시개발과 지역 불균형

◆ ◆ ◆

도시 개발조합 운영에 관한 법적 제도도 미비한 점이 지적된다.
현행 법령은 도시개발 조합의 자율적인 운영에 초점이 맞춰 있어
감독 소홀로 인해 조합 내부에서 발생하는 문제를
해결하기 어렵게 만든다.
따라서 더욱 엄격한 법적 제도 마련이 시급하다.

개발사업은 투명하게
운영되도록 해야

● ● ●

 근래 평택시는 인구가 급격하게 팽창하면서 여기저기서 도시개발이 한창이다. 도시개발은 대개 지역 단위 도시개발조합이 꾸려져 진행되는데 그 일부 조합들이 논란이 되고 있다. 특히 투명성 부족, 재정 관리 부실, 주민 소외 등 여러 문제점이 불거지면서 제도적 개선이 시급하게 되었다.

 도시개발조합은 주로 주민들의 주도로 설립되어 개발사업을 추진하는 조직으로, 도시 정비나 재개발, 재건축 사업을 수행하는 주체다. 그런데 그 과정에서 여러 잡음이 생겨 조합의 신뢰성이 크게 떨어짐으로써 도시개발 사업에 빨간불이 켜졌다.

 가장 큰 문제는 투명하지 못한 조합비 집행이다. 도시개발조합은 사업 규모가 크고 자금의 흐름이 복잡하므로 조합의 재정 관리가 투명하지 못하면 부패나 비리가 발생하기 쉽다.

 도시개발조합 운영에서 재정 관리는 가장 어렵고도 복잡한 문제로, 자칫 잘못하면 사업 전체를 좌초시킬 수도 있다. 개발사업은 초기 자금이 많이 소요되므로 금융기관으로부터 거액을 대출받아서 출발하는 경우가 많다. 이때 재정 관리가 부실하면 대출 상환에 어려움을 겪게 되면서 사업이 지연되거나 중단된다. 예상보다 훨씬 많은 부채를 져서 조합원들이 피해를 보는 경우도 생긴다.

도시개발조합이 추진하는 사업이 모든 주민에게 혜택을 주지 않는다는 점도 문제다. 조합이 특정한 이익을 우선하여 일부 주민의 의견을 무시하는 경우가 생겨 사업이 진행되는 동안 주민들 간의 갈등의 골이 깊어간다. 특히 원주민들이 재정착하지 못하거나 심지어 피해를 보는 일이 생기면서 조합에 대한 불신이 커지고 있다.

도시개발조합 운영에 관한 법적 제도도 미비한 점이 지적된다. 현행 법령은 도시개발조합의 자율적인 운영에 초점이 맞춰 있어 감독 소홀로 인해 조합 내부에서 발생하는 문제를 해결하기 어렵게 만든다. 따라서 더욱 엄격한 법적 제도 마련이 시급하다. 나는 이 부분을 중점적으로 살펴보면서 조례를 통해 보완할 점은 있는지 살폈다. 그러나 이 문제는 역시 국회 차원에서 법령을 통해 개선해야 할 것으로 보인다.

우선은 조합의 재정 관리와 회계 처리 과정에서 투명성 확보를 위한 외부 감사와 정기적인 재정 보고 의무를 강화할 필요가 있다.

 다음으로는 주민들의 의견을 충분히 반영할 공청회 같은 소통의 자리를 마련하여 주민 소외 문제를 해결할 필요가 있다.
 그리고 법적 감독 체계를 강화하여 조합의 비리와 불법 행위를 방지할 제도를 미리 마련하는 것이 필요하다.

도시개발의 이면과
소외 지역

• • •

　평택시는 미군 부대 이전으로 제정된 '평택지원특별법'에 따라 대규모 개발이 이뤄졌고 또 이뤄지고 있다. 개발로 글로벌 기업들이 입주함에 따라 새로 생기는 일자리, 신도시와 택지 개발, SRT 정차 등 성장 동력을 얻은 평택시는 전국에서 가장 빠르게 성장하는 도시 중 하나다. 하지만 그 이면에 드리운 그늘도 크다. 소외된 이들도 많다. 유해시설이 몰리는 농촌 지역, 고도 제한으로 오랫동안 재산권을 침해받아 온 미군기지 인근 원주민….

　원주민의 희생을 빼놓고는 평택시 발전을 논할 수 없다. 지난 2003년 한미 당국은 서울 용산 미군기지를 조기 이전하기로 합의하고, 이듬해 '용산기지이전협정'을 체결했다. 이후 미군기지 부지에 수용된 팽성읍 대추리·도두리와 서탄면 황구지리 주민, 시민 활동가들은 격렬히 저항했다. 하루아침에 평생을 지켜온 삶의 터전을 빼앗기게 된 주민들은 분노했다. 하지만 국가권력 앞에서 속수무책인 주민들은 결국 고향을 떠났다.

이주민이 겪은 고통의 대가로 얻은 '평택 지원 특별법'은 평택시를 성장시켰다. 삼성전자 반도체의 평택캠퍼스 입주는 많은 일자리를 창출하고, 고덕국제신도시와 동시다발로 일어난 택지 개발사업은 인구를 유입했다. 그리하여 평택시는 2025년 4월 현재 주민등록상 인구 60만 명을 넘기고, 실제 거주인구 70만 명을 바라보게 되었다. 더구나 합계출산율은 50만 명 이상인 지자체 중 유일하게 1.0명 이상을 유지해오고 있다.

이처럼 평택시가 빠르게 성장하는 이면에는 수십 년간 고통을 감내하며 살아온 소외된 지역민이 있다.

시에서는 "다양한 도시개발과 도시재생 사업을 발굴해 소외된 지역이 평택시 전체와 함께 성장하며 조화로운 균형 도시로 나아갈 것"이라지만, 실제로 실행되는 조치는 미흡하다.

평택에는 갈등의 씨앗이 잠재하는데, 그 기원은 평택시·송탄시·평택군 3개 시·군이 통합한 1995년으로 거슬러 올라간다. 이때 생긴 갈등의 원인은 세월에 희석되어 차츰 사라졌지만, 산업화에서 소외되어 크게 낙후된 서부 지역 주민이나 개발로 인해 터전을 떠나야 하는 이주민의 소외를 모른 체하면 언제

든 갈등이 불거져 개발과 성장의 의미를 잃을 수 있다.

　소외와 낙후의 예를 들자면, 평택 남부·북부·서부 권역의 경계가 맞닿는 중심에 자리한 고덕면은 2021년 신도시가 들어선 고덕동이 분리돼 나가면서 평택 한가운데 섬처럼 동떨어진 외딴 마을로 남았다. 고덕면 주민은 고덕국제신도시 개발사업 이후 난개발과 낙후한 시설로 불편을 겪어왔다. 상대적으로 땅값이 저렴한 자연마을에는 다세대주택과 창고 같은 건물이 난립하고 부족한 기반 시설로 인해 여름철 침수 피해에 노출되었다. 갈수록 늘어나는 차량 통행으로 주민 불편이 증가하고, 부족한 주차시설로 인해 농로를 가득 메운 차량은 농번기 농민들의 마음을 심란하게 했다.

　이런 상황에서 제대로 된 행정 지원을 받지 못한 주민들의 소외감은 날로 깊어간다. 맨 먼저 그늘지고 소외된 데부터 관심을 두고 살펴 기본적인 삶의 조건을 제공하는 게 정치가 존재하는 이유다. 가서 들어보면 주민들도 무슨 큰 것을 바라지는 않는다. 외부 유입 교통량의 증가로 불편해진 마을 안길 확장, 도시가스 공급, 근처 하수종말처리장의 오수관로 연결 같은 당연하고도 어렵잖게 실행 가능한 바람들이다.

　일찍이 평택시의회에서 대형 개발사업으로 소외된 지역 주민의 의견을 듣기 위한 간담회가 열렸다. 이 자리에 참석한 평택시 관계자는 주민 민원에 대해 적극적으로 대책을 수립하겠다고 약속했다. 그러나 수개월이 지난 후에도 이와 관련해 시로부터 아무 연락이 없다는 현지 주민의 전언이다. 이렇게 주민들의 불신이 쌓이면 쉽게 해결될 문제도 심각한 갈등으로 비화할 수 있다. 이것은 주민을 위한다는 행정당국의 태도가 아니다.

 이렇게 상대적 박탈감이 깊어가는 가운데 땅값이 싸서 만만한 데라고 레미콘공장, 폐기물 처리시설, 위험물 보관창고 같은 기피 시설만 우후죽순으로 들어서니 주민들의 심정이 어떨까.

 가령, 평택시 청북읍에는 모두 50곳에 이르는 폐기물처리업과 대기 오염시설이 들어왔다. 서탄면, 오성면, 포승읍도 사정이 크게 다르지 않다.

평택을 살리는 길,
행복한 미래를 여는 길

◆ ◆ ◆

이제 평택시가 해결해야 할 과제,

미래 30년 앞을 내다보는 비전은

지난 30년을 더듬어 유추해보면 명백해진다.

지난 30년간 해온 도시 팽창과 경제 성장만으로는

앞으로 30년의 비전을 담기에 부족하다는 것이 분명해진 것이다.

지금까지의 성과를 계승하여 더욱 발전시키되

지역 균형발전을 통한 전체 시민 삶의 질 향상,

평택만이 내세울 수 있는 문화적 정체성 확립 등

더 보태야 할 과제가 수두룩하다.

지역 균형발전과
문화인프라 확충

...

평택시가 급성장하는 가운데 평택항 등이 자리한 평택 서부 권역은 고속도로 접근성이 좋고 서해선 안중역과 서부내륙고속도로가 들어선다. 화양지구에 2만여 가구의 아파트가 들어서는 등 각종 개발 호재가 있다. 그러나 도시 팽창에 비하면 문화인프라는 턱없이 부족하다. 제대로 된 극장 하나 없어 주민들이 한탄한다.

"먹고 자는 거 빼고는 할 게 없다."

평택시에서 '서부는 안중에도 없다' 는 불만이 쏟아진다. 한 젊은 직장인은 한숨부터 내쉰다. 퇴근하여 집에 오면 막막하다. 다른 지역에선 직장인들끼리 영어 회화, 요리, 독서 등 소모임을 한다는데 이곳엔 아무 모임도 없다. 과거 어학연수 경험을 살려 평택시 영어교육센터의 영어 회화 프로그램을 수강하려 해도 서부 지역에서는 그 프로그램을 운영하지 않는다.

한 청년은 친구들과 영화를 보러 가기 위해 불법 사설 택시를 불러야 했다. 일반 택시는 거의 다니지도 않고 콜택시도 좀처럼 잡히지 않기 때문이다. 버스를 타고 가면 극장까지 1시간 30분이나 걸린다. 주거지에서 걸어서 갈 수 있는 데라곤 생필품을 파는 마트와 식당 몇 군데, 학원이 전부다. 취미 생활을 하고 싶어도 함께할 수 있는 문화 인프라가 거의 없다.

평택 서부 지역은 인구 십수만에 청년층이 인구의 절반을 차지하는데도 그 흔한 영화관 하나 없으니 행정 당국의 책임이 크다.

시 현황에 따르면 평택 내 백화점·쇼핑센터 등 매장 면적 3,000㎡ 이상의 대규모 점포가 8곳인데, 그중 서부엔 마트 하나뿐이다. 평택 내 멀티플렉스 상영관도 모두 남부(3곳), 북부(2곳)에만 있다.

문화예술회관 등 공공시설이 제공하는 프로그램에도 차별이 있다. 남부·북부문예회관에선 평택예총이 평택시민예술대학을 운영해 음악·미술·문학 등 예술 강좌를 제공한다. 반면 서부문예회관에선 아무 강좌도 열리지 않는다. 더욱이 문화 강좌 대부분이 서부노인복지관에서 노년층을 대상으로 이뤄져 지역 내 수요를 충족시키지 못한다.

평택의 미래,
미래의 평택

● ● ●

평택시는 1995년 3개 시·군 통합으로 넓은 영역을 포괄하면서 새롭게 시작했지만, 아직 인구 30만의 중소 도농 복합도시였다. 그로부터 30년이 지난 오늘날 평택시는 실거주 인구 70만에 이르는 중견 첨단공업도시로 곧 100만 미래 산업 중심도시를 바라보게 되었다.

그런 과정에서 빛이 밝을수록 그림자가 더 짙어지듯 권역과 계층 간 불균형은 더 깊어지고 복합적인 형태로 강화되었다. 그런 가운데 가치관이 변하고 시민들의 요구는 다양해졌다.

이제 평택시가 해결해야 할 과제, 미래 30년 앞을 내다보는 비전은 지난 30년을 더듬어 유추해보면 명백해진다. 지난 30년간 해온 도시 팽창과 경제 성장만으로는 앞으로 30년의 비전을 담기에 부족하다는 것이 분명해진 것이다.

지금까지의 성과를 계승하여
더욱 발전시키되 지역 균형발전을
통한 전체 시민 삶의 질 향상,
평택만이 내세울 수 있는
문화적 정체성 확립 등
더 보태야 할 과제가 수두룩하다.

돌이켜보면 근현대 평택은 자생적 동력보다는 미군 등 외부 요인에 기대어 발전해온 측면이 커서 그런지 사회·문화적 정체성과 자긍심이 그다지 높은 편이 아니다.

3개 시군 통합 30주년이자 지방자치 30주년을 맞은 주민들은 규모의 경제로 기대한 도시 발전은 어느 정도 긍정하지만, 오늘날의 평택시를 보면서 도시 성장 외의 다른 면에서는 불안해한다. 난개발이 가장 우려스럽다는 주민이 가장 많다. 고덕국제신도시도 조성 과정을 보건대 계획한 바대로 제대로 될지 우려하는 목소리가 높다.

난개발에 따른 당연한 결과로 성장의 수혜 지역과 소외 지역 그리고 피해 지역이 극명하게 갈려 복합적인 갈등이 잠복하고 있어 행정 당국의 분발이 요청된다. 갈등의 직접 원인은 지역 불균형발전에 따른 경제·사회·문화적 격차에 있다. 다양한 개발로 바뀌고 복잡해진 도시 구조와 특수성을 직시해야 이 문제를 해결할 실마리를 얻게 된다. 경제·사회·문화적 자산과 인프라가 특정 지역에 편중되지 않고 평택 전역을 고루 순환하는 도시로 질적 변화를 이룰 때 첨단 신도시 지역도 도농 복합 지역도 함께 발전하고 주민들도 함께 행복할 수 있다. 이런 공생의 도시를 위해 그 어느 때보다 통합과 소통의 리더십이 요청된다.

미래는 오는 게 아니라
만드는 것이다

● ● ●

 세계 최대 규모의 반도체 벨트를 꿈꾸는 허브이자 국내 최대의 자동차 클러스터와 평택항 수소 복합지구 등 첨단 미래도시로의 인프라를 고루 갖춘 평택은 명실공히 브랜드 파워 1위 도시다. 여기에 캠프 험프리스와 국제 무역항을 품고 있다.

 그런데 평택역을 중심으로 한 원도심은 과거의 낙후를 벗어나지 못하고 있다. 평택시는 다양한 개발 계획을 내보이고 있지만, 실현 가능성은 아직 알 수 없다.

 평택의 발전상은 최근 10년을 보면 그야말로 상전벽해다. 이런 비약적인 발전사에서 평택역은 빼놓을 수는 없다. 평택시 생활권의 중심지 역할은 물론 사통팔달의 교통 거점으로 경기 남부의 관문 역할을 해온 평택역은 가깝게는 서울 도심, 영등포권, 수원과 천안 등의 인근 도시로, 멀게는 대전, 대구, 부산, 광주 등으로 연결되는 교통 요충이다.

 이웃한 안성 시민도 기차나 전철을 타기 위해 평택역으로 올 정도로 평택 생활권은 주변 지역(원곡면, 공도읍, 안성 시내, 둔포면 등) 주민들을 폭넓게 품는다.

평택역은 교통·지리적 중심 역할 외에도 다양한 문화와 전통이 교차하고 융합하는 장소다. 그러다 보니 주변은 자연스럽게 활발한 상권으로 성장해왔다. 역 수요에 맞게 2005년 1호선 연장, 2009년 민자역사 완공을 거치면서 유동 인구도 크게 늘었다.

평택시의 잠재력은 여기서 그치지 않는다. 서해 해상과 수도권 거점지역으로서 최적의 입지 조건에 따른 대중국 전진기지, 동북아 물류 중심의 거점도시로 성장하고 있다. 또 첨단 산업과 국내외 연계 수송망이 구축된 국제화 중심도시로서의 발전 잠재력이 엄청나다.

이러한 긍정적인 요소에도 불구하고 지난 10여 년 동안 성장과 팽창의 숫자에 치우쳐온 평택의 한계는 분명하다. 미군기지 이전, 삼성 반도체 단지 유치, 고덕국제신도시·브레인시티·포승·현덕지구 등 대형 개발사업이 잇달았지만, 이들을 유기적으로 연결하고 지속하여 운영할 전략은 부족했다. 계획은 많았지만, 실행은 적었다고 할 수 있다.

고덕국제신도시는 서울 접근성만 강조한 채 자족 기능을 갖추지 못하고, 브레인시티는 기반 시설조차 마련되지 않은 상태에서 표류를 끝내지 못하고 있다. 평택은 도시 전체로 보면 아직 그리다 만 그림이다.

평택의 도시계획은 행정과 기업 중심으로 설계된 나머지 시민의 삶은 그 안에서 외로운 섬이다. 고덕국제신도시의 상업 시설 공실률은 70%에 이르고 생활 편의시설도 부족하다. 브레인 시티는 지식산업단지로 조성되었지만, 핵심 유치 대상인 대학과 병원은 여전히 소식이 없다. 포승지구는 전략과 인프라 부재로 인해 산업과 관광 기능이 다 개점휴업이다. 숫자만 화려하고 정작 사람은 없다.

평택은 도시 전반의 재설계가 필요하다.
우선 각 개발지구 간의
유기적 연결이 필요하다.
산업단지는 산업단지대로,
주거지는 주거지대로 분절되지 않고,
유기적으로 통합되어야 자족할 수 있다.

 다음으로는 시민 중심의 생활 인프라를 대거 확충해야 한다. 대중 교통망 재정비, 공공의료와 교육 인프라 보강, 문화·복지 기반 확대는 더 미룰 수 없는 시급한 과제다. 끝으로 민관과 시민사회가 함께 설계하는 협치 모델 구축이 필요하다. 어느 쪽이든 한쪽 주도로만 개발을 밀어붙이는 방식은 더는 통하지 않는다.
 이런 요건을 충족하는 데 타산지석은 인천 송도와 세종 그리고 동탄이다. 송도는 항만·도심·교육·국제기구를 복합적으로 연결해 스마트시티로 진화했다.
 세종시는 공공기관 이전과 함께 생활 인프라를 조화롭게 구축하며 정착률을 높였고, 동탄은 자족도시 모델을 구현하며 기업·주거·문화 기능을 통합해냈다.

이들 도시의 성공은 단순한 모방에서 벗어나 고유한 지역 특성과 요구에 맞춘 전략에서 비롯되었다. 평택 역시 평택다운 방식을 지키는 가운데 배운다면 살기 좋은 도시로 진화할 수 있다.

| 에필로그 |

빛에 가려진 그림자를 돌보는 정치

● ● ●

우리 평택시는 1995년 3개 시·군을 통합하여 새롭게 출발한 이후로 올해까지 30년은 비약적인 발전을 이룬 시기인데, '잃어버린 30년' 이라는 성찰도 있습니다.

그렇다면 우린 뭘 잃어버린 걸까요?

도시의 비전과 철학은 리더십을 통해 구현됩니다. 평택이 가진 무한한 잠재력이 잃어버린 30년이 된 배경에는 장기간에 걸친 정치적 불안정과 리더십의 부재가 있습니다. 도시의 운명은 거버넌스의 질에 달렸습니다. 다른 성공한 도시들의 공통점은 저마다의 비전을 향해 꾸준히 나아갈 수 있는 안정적인 리더십과 일관된 정책 추진입니다.

반면에 평택은 지난 30년간 리더십의 불안정으로 행정은 일관성 없이 흔들려왔습니다. 장기 전략은 계획만 된 채 표류해온 거죠. 도시계획의 연속성을 담보하지 못한 겁니다. 평택이 지닌 천혜의 입지 조건과 막대한 투자 유치 기회를 온전히 살리지 못하고, '성장 정체'를 겪게 된 원인입니다.

아쉬운 부분이죠. 이제 우리가 할 일은 서로 잘못이라고 책임을 떠넘기는 대신 힘을 합쳐 이 아쉬운 부분을 하나씩 차근차근 채우는 겁니다.

그리고 발전을 이룬 빛에 가려 제대로 돌보지 못한 그림자가 있습니다. 낮고 그늘진 곳을 돌보면서 볕이 들도록 벽을 트는 것이 정치가 할 일이라고 믿습니다.

앞으로 30년 후, 우리는 그 세월을 '다시 찾은 30년'으로 기억할 수 있으면 좋겠습니다.

삶을 업그레이드 하는 더 나은 삶

정치본색

임종성 지음
262쪽 | 20,000원

내 손을 잡아줘

김선우 지음
264쪽 | 20,000원

노동정책의 배신(양장)
김명수 지음
304쪽 | 22,000원
(2021 텍스트형 전자책 제작 지원 선정)

금융에 속지마

김명수 지음
280쪽 | 17,000원

정치 · 사회 도서

지방자치 시대 지속 가능한 정책
박진우 지음
344쪽 | 23,000원

정책이 만든 가치
박진우 지음
320쪽 | 22,000원
(2022 세종도서 교양부문 선정)

정부의 예산, 결산 분석과 감시
조일출 지음
284쪽 | 20,000원

행복한 노후 매뉴얼
정재완 지음
500쪽 | 30,000원
(2022 세종도서 교양부문 선정)

삶을 업그레이드 하는 더 나은 삶 ──────── 정치 · 사회 도서

미래예보

정호준 지음
280쪽 | 20,000원

이제 길이 보입니다

최원락 지음
272쪽 | 21,000원

김주형의 인생경영

김주형 지음
240쪽 | 20,000원

법에 그런 게 있었어요?

강병철 지음
400쪽 | 15,000원
(2021 텍스트형 전자책 제작 지원 선정)

삶을 업그레이드 하는 더 나은 삶 ——————————————————— 인문 도서

별일 없어도 읽습니다

노충덕 지음
312쪽 | 18,000원

걷다 느끼다 쓰다

이해사 지음
364쪽 | 15,000원

내 글도 책이 될까요?
이해사 지음
320쪽 | 15,000원
(2021 우수출판콘텐츠 선정)

**누구나 쉽게 작가가
될 수 있다**
신성권 지음
284쪽 | 15,000원

삶을 업그레이드 하는 더 나은 삶 ──────────── 인문 도서

독한 시간

최보기 지음
248쪽 | 13,800원

배움은 어떻게 내 것이 되는가

박성일 지음
212쪽 | 16,000원
(2021 텍스트형 전자책 · 오디오북 제작 지원 선정)

세종실록에 숨은 훈민정음의 비밀

우세종 지음
288쪽 | 19,800원

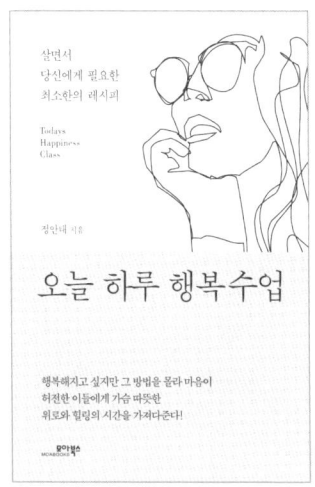

오늘 하루 행복수업

정안태 지음
208쪽 | 18,000원

당신이 생각한 마음까지도 담아 내겠습니다!!

책은 특별한 사람만이 쓰고 만들어 내는 것이 아닙니다.
원하는 책은 기획에서 원고 작성, 편집은 물론,
표지 디자인까지 전문가의 손길을 거쳐
완벽하게 만들어 드립니다.
마음 가득 책 한 권 만드는 일이 꿈이었다면
그 꿈에 과감히 도전하십시오!

업무에 필요한 성공적인 비즈니스뿐만 아니라 성공적인 사업을 하기 위한 자기계발, 동기부여, 자서전적인 책까지도 함께 기획하여 만들어 드립니다. 함께 길을 만들어 성공적인 삶을 한 걸음 앞당기십시오!

도서출판 모아북스에서는 책 만드는 일에 대한 고민을 해결해 드립니다!

모아북스에서 책을 만들면 아주 좋은 점이란?

1. 전국 서점과 인터넷 서점을 동시에 직거래하기 때문에 책이 출간되자마자 온라인, 오프라인 상에 책이 동시에 배포되며 수십 년 노하우를 지닌 전문적인 영업마케팅 담당자에 의해 판매부수가 늘고 책이 판매되는 만큼의 저자에게 인세를 지급해 드립니다.

2. 책을 만드는 전문 출판사로 한 권의 책을 만들어도 부끄럽지 않게 최선을 다하며 전국 서점에 베스트셀러, 스테디셀러로 꾸준히 자리하는 책이 많은 출판사로 널리 알려져 있으며, 분야별 전문적인 시스템을 갖추고 있기 때문에 원하는 시간에 원하는 책을 한 치의 오차 없이 만들어 드립니다.

기업홍보용 도서, 개인회고록, 자서전, 정치에세이, 경제 · 경영 · 인문 · 건강도서

모아북스
MOABOOKS   문의 0505-627-9784

발로 뛰는 정치 서현옥입니다

초판 1쇄 인쇄	2025년 10월 25일
2쇄 발행	2025년 11월 03일

지은이	서현옥
발행인	이용길
발행처	모아북스 MOABOOKS

관리	양성인
디자인	이룸
홍보	김선아

출판등록번호	제 10-1857호
등록일자	1999. 11. 15
등록된 곳	경기도 고양시 일산동구 호수로(백석동) 358-25 동문타워 2차 519호
대표 전화	0505-627-9784
팩스	031-902-5236
홈페이지	www.moabooks.com
이메일	moabooks@hanmail.net
ISBN	979-11-5849-283-0　03340

· 좋은 책은 좋은 독자가 만듭니다.
· 본 도서의 구성, 표현안을 오디오 및 영상물로 제작, 배포할 수 없습니다.
· 독자 여러분의 의견에 항상 귀를 기울이고 있습니다.
· 저자와의 협의 하에 인지를 붙이지 않습니다.
· 잘못 만들어진 책은 구입하신 서점이나 본사로 연락하시면 교환해 드립니다.

모아북스 는 독자 여러분의 다양한 원고를 기다리고 있습니다.
(보내실 곳 : moabooks@hanmail.net)